新时代课堂变革与创新丛书

走进翻转课堂

ZOUJIN
FANZHUAN
KETANG

宋灵青 谢幼如 王芹磊 李世杰 /编著

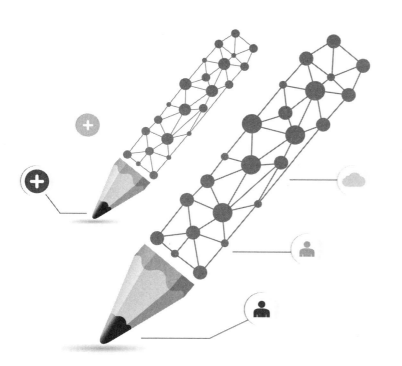

XINSHIDAI KETANG
BIANGE YU
CHUANGXIN CONGSHU

北京师范大学出版集团
BEIJING NORMAL UNIVERSITY PUBLISHING GROUP
北京师范大学出版社

图书在版编目(CIP)数据

走进翻转课堂 / 宋灵青等编著. —北京：北京师范大学出版社，2019.3(2022.4重印)

（新时代课堂变革与创新丛书）

ISBN 978-7-303-24304-4

Ⅰ. ①走… Ⅱ. ①宋… Ⅲ. ①课堂教学－教学研究 Ⅳ. ①G424.21

中国版本图书馆 CIP 数据核字(2018)第 255645 号

营 销 中 心 电 话 010-58802135 58802786

北师大出版社教师教育分社微信公众号 京师教师教育

出版发行：北京师范大学出版社 www.bnupg.com
　　　　　北京市西城区新街口外大街 12-3 号
　　　　　邮政编码：100088
印　　刷：保定市中画美凯印刷有限公司
经　　销：全国新华书店
开　　本：787 mm×1092 mm 1/16
印　　张：10.75
字　　数：174 千字
版　　次：2019 年 3 月第 1 版
印　　次：2022 年 4 月第 2 次印刷
定　　价：36.00 元

策划编辑：栾学东 庞海龙　　　责任编辑：郭 瑜
美术编辑：焦 丽　　　　　　　装帧设计：焦 丽
责任校对：陈 民　　　　　　　责任印制：马 洁

前　言

随着"互联网＋"行动计划的迅速推进，互联网对教育教学产生了深刻的影响。"互联网＋教育"不是简单的教育在线化，而是代表了教育信息化发展的新阶段，是技术推动教育产生革命性变革的基础。"互联网＋教育"呼唤用互联网思维创新教学实践。利用互联网思维创新教学实践，要以重构课程模式为切入点，以再造教学流程为落脚点，以创新组织管理为条件保障。在此背景下，翻转课堂应运而生。翻转课堂颠倒了传统"知识传授"与"知识内化"的两个阶段，体现了"以学生为中心"的教育理念，对传统教学模式进行优化与革新，为教育教学改革提供新的思路与方向。

本研究团队长期扎根中小学，根据基础教育改革发展需要，探索如何运用互联网思维创新教学实践，扩大教育服务的有效供给，以实现每一位学生的全面发展。通过多年研究与实践，研究团队归纳形成了翻转课堂的教学设计体系，包括翻转课堂教学目标的设计、课前预学诊断的设计、课中针对性教学的设计、课后拓展性教学的设计、翻转课堂教学评价的设计，探索构建出各种翻转课堂教学模式，包括知识生成的翻转课堂、能力培养的翻转课堂、项目学习的翻转课堂、复习训练的翻转课堂等，并总结出了一系列支持翻转课堂的微课与慕课的设计制作方法，极大丰富和发展了翻转课堂在我国的理论研究与实践应用。

本书共六章，包括翻转课堂促进教学创新、信息技术对翻转课堂的作用、支持翻转课堂的微课与慕课制作、翻转课堂的教学设计、翻转课堂的教学模式、翻转课堂的教学评价等。书中通过二维码为学习者提供设计案例、优秀课例、拓展资源等学习支持，以满足学习者个性化的需要。

本书的大部分案例来自本研究团队多年来的研究与实践。近年来，依托全国教育信息技术研究"十二五"规划重点课题"电子书包教学应用创新模式的研究与实践"、教育部人文社会科学研究规划基金项目"个人学习空间提升大学生网络学习自我效能感的研究"、全国教育科学"十二五"规划国家级重点课题"教育信息化与大型开放式网络课程战略研究"子课题"以 MOOCs 为代表的在线教育教与学模式研究"等项目，本研究团队形成了一大批翻转课堂的设计方案与优秀课例。

本书由中央电化教育馆宋灵青副编审和华南师范大学谢幼如教授主持撰写，李世杰负责第三章的撰写，王芹磊负责第六章的撰写，研究生黎佳、李迎迎、朱艳、邱艺等积极参与部分内容的撰写及配套网络资源的制作。在此表示诚挚的谢意！

　　由于教育信息化发展迅猛，翻转课堂的理论研究与创新实践还有待于进一步完善，加之时间仓促，作者水平有限，本书难免存在不足之处，希望广大读者给予批评指正。

目 录

第一章

翻转课堂促进教学创新

→ 内容结构

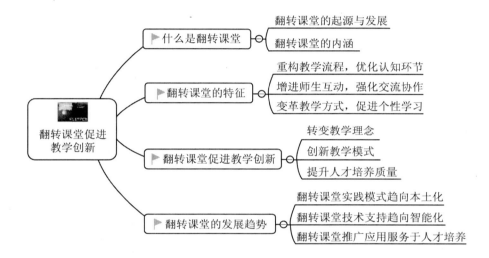

随着"互联网＋"时代的到来，大数据、云计算、移动互联网等技术的发展日趋成熟，并广泛融入教育教学当中。技术手段的突飞猛进，使得现有的教育理念、教学模式、教学方法与教学管理等也随之发生变革，为教育教学带来了空前的发展机遇，翻转课堂由此应运而生。

翻转课堂颠倒了传统的"知识传授"与"知识内化"两个阶段，体现"以学生为中心"的教育理念，为教育教学改革提供新的思路与方向。[①] 信息技术手段的不断兴起，为翻转课堂的实施提供有力的技术支撑，使教师在教学过程中高效利用课堂教学时间，充分调动学生学习的主动性，从而对传统教学模式进行优化与革新。

---

① 谢幼如、倪妙珊、柏晶、张惠颜：《融合翻转课堂与 MOOCs 的高校 MF 教学模式》，载《中国电化教育》，2015(10)。

第一节　什么是翻转课堂

一、翻转课堂的起源与发展

（一）翻转课堂的起源

翻转课堂作为一种全新的课堂教学模式，其根源可以追溯到 20 世纪 90 年代初。

1991 年，哈佛大学的埃里克·马祖尔（Eric Mazur）认为，传统讲授式教学注重信息的传递，但不能有效地促进知识理解。为了改善这种弊端，埃里克·马祖尔带领教学团队开展相关研究，将信息技术引入到课堂中进行辅助教学，并创立了同伴教学法（Peer Instruction），即要求学生在课下自学课程内容，课上开展互动活动的教学方法。在教学过程当中，学生对问题的回答比例低于 70％时，则与同伴开展相应的问题讨论，由此来加深对知识的理解。最后，由教师进行总结，对知识重点难点进行强调与巩固。同伴教学法以计算机技术作为教育教学的必备条件，马祖尔认为计算机技术能够帮助教学团队更好地发现并解决学习过程中所遇到的问题，相比于传统讲授式教学方法，能更为全面、具体地指导学生学习。尽管马祖尔并没有明确提出"翻转学习"的概念，但其基本理念已初具雏形。

1996 年，在美国迈阿密大学商学院执教的莫里·拉吉（Maureen J. Lage）和格兰·波兰特（Glenn J. Platt）第一次正式提出了"翻转"的设想，并将该设想应用到《微观经济学原理》这门课程。莫里·拉吉和格兰·波兰特在教授《微观经济学原理》的过程中，以"翻转课堂"作为教学理念指导，将教材内容细化分成若干个专题，并要求学生在课前自主学习，即阅读专题相关的材料，观看学习相对应的教学录像和课件。

在课中阶段，学生就课前自主学习过程中所遇到的疑难与困惑向教师进行提问，教师根据学生提出的问题，有针对性地进行讲解，并指导学生对其开展相对应的专题实验，使得学生能够对所学知识进行拓展运用。专题实验结束后，教师引导学生对相关专题的重点难点知识进行回顾，并对一些有代表性的问题进行解答，以进一步强化学生对知识的理解。由于该种课堂模式要求学生具有更多的自主性，因此莫里·拉吉和格兰·波兰特特意为这门课程设计专题学习网站，并在该专题网站上提供与该课程相关的电子课件、作业等学习资源。

在课程结束后，莫里·拉吉和格兰·波兰特分别对参与实验的学生和教师进行了调查研究，研究发现大部分学生对于"翻转课堂"印象深刻，对知识的理解较深，较之传统课堂，他们也更喜欢这种新型的课堂教学结构。自此，翻转学习便有章可循。

2000 年 4 月，韦斯利·贝克（Wesley J. Baker）提出了"翻转课堂模型"（Model of Classroom Flipping），即课下教师借助网络化的课程管理工具进行在线教学并呈现学习材料，在课上教师主要与学生开展互动，进行深入协作。同时，他阐释翻转课堂的本质："教师不再是讲台上的权威者，而是学生身边的指导者"。这一恰如其分的表述得到了学术界的广泛认同。

如果说"翻转课堂"理念的提出使翻转学习具备了有章可循的"形"，那么贝克的表述则彰显了翻转学习的"神"，预示着翻转学习在理论化道路上向前迈出了重要的一步，开始"形神"兼备。①

（二）翻转课堂的发展

2007 年，在美国科罗拉多州落基山的山区学校——林地公园高中，教师们常常被一个问题所困扰：有些学生由于各种原因，经常错过正常的学校活动，而且学生将过多的时间花费在往返学校的公交车上，这样很容易导致很多学生由于缺课而跟不上学习进度。随后，林地公园高中教师乔纳森·伯格曼（Jonathan Bergmann）和亚伦·萨姆斯（Aaron Sams）发现，学生真正需要教师提供帮助的时候，并不是在课堂上讲授知识点的时候，而是在做课程作业遇到问题的时候。于是他们开始使用屏幕捕捉软件录制演示文稿，并把结合实时讲解和 PPT 演示的视频上传到网络，以此帮助课堂缺席的学生。更具开创性的是，两位教师逐渐以学生在家看视频听讲解为基础，节省出大量的课堂时间来为在完成作业或做实验过程中有困难的学生提供帮助。

不久，这些在线教学视频被更多的学生接受并广泛传播，更多的教师开始

---

① 杨晓宏、党建宁：《翻转课堂教学模式本土化策略研究——基于中美教育文化差异比较的视角》，载《中国电化教育》，2014(11)。

利用在线视频在课外教授学生，课堂时间则进行概念掌握和协作学习。因为对于学生来说，教师在课中提供帮助，将有助于知识的内化，有助于增进师生之间的沟通交流，有助于促进学生个性化发展。

为此，伯格曼和萨姆斯做出总结：如果把课堂传授知识和课外内化知识的结构翻转过来，形成"知识学习在课外，知识内化在课堂"的新型教学结构，学习的有效性也将随之改变。

孟加拉裔美国人萨尔曼·可汗（Salman Khan）通过雅虎、聊天软件、互动写字板和电话，帮助七年级的表妹纳迪亚解答数学难题。为了让表妹听明白，他尽量说得浅显易懂。很快，其他亲戚朋友也上门求教，萨尔曼·可汗索性把自己的数学辅导材料制作成视频，放到网站上，方便更多的人分享。他有意识地把每段视频的长度控制在 10 分钟之内，以便网友有耐心观看、理解、消化。很快这些视频就受到了网友们的热捧。那时，他每天下班后，就一头扎进房间，用简单设备拍摄、制作视频，平均每晚要工作 3 个小时。不久，他又开始尝试制作科学、电脑等相关科目的辅导视频，以便帮助更多的学习者。

2007 年，萨尔曼·可汗成立了非营利性的"可汗学院"网站，用视频讲解不同科目的内容，并解答网友提出的问题。除了视频授课，"可汗学院"还提供在线练习、自我评估及进度跟踪等学习工具。很快，这个网站每月的平均点击量达到 200 多万次。

2009 年，萨尔曼·可汗干脆将基金公司的工作辞掉，全身心投入到"可汗学院"的建设中，"可汗学院"的快速发展加速了翻转课堂的发展。2011 年，萨尔曼·可汗在大会上作报告《用视频重新创造教育》，自此，翻转课堂成为教育者关注的热点问题。①

二、　翻转课堂的内涵

翻转课堂是由 Flipped Class Model 或 Inverted Classroom 翻译过来的术语，又被译成"反转课堂""颠倒课堂"。目前，翻转课堂一词已在我国普遍使用，但是对于这一概念的内涵尚未形成统一的观点。

---

① 金陵：《"翻转课堂"翻转了什么?》，载《中国信息技术教育》，2012(9)。

　　针对翻转课堂，研究者们从不同的角度提出了自己的观点。

　　金陵认为翻转课堂是指教师通过微视频使学生在课下完成新课程的学习，课堂内师生合力探究相关问题，达到对新知识的深度内化的一种教学模式。作为一种整合了在线学习技术和课堂面对面教学的混合式教学形式，其本质是对传统教学顺序的颠倒，构建了"学生课上完成知识内化与吸收，课下学习新内容"的反转教学结构。①

　　钟晓流等认为翻转课堂是在信息化环境中，课程教师提供以教学视频为主要形式的学习资源，学生在上课前完成对教学视频等学习资源的观看和学习，师生在课堂上一起完成作业答疑、协作探究和互动交流等活动的一种新型的教学模式。②

　　何朝阳等认为翻转课堂是一种混合使用技术和亲自动手活动的教学环境。在翻转课堂中，典型的课堂讲解时间由实验和课内讨论等活动代替，而课堂讲解则以视频等其他媒介形式由学生在课外活动时间完成。③

　　马秀麟等认为，翻转课堂是一种以"学生为中心"的教学模式，符合建构主义关于"主动建构"和"有意义建构"的学习理论。④

　　综合上述观点，我们认为翻转课堂是指学生在课外借助互联网技术获取并使用优质教育资源进行新知学习，教师在课堂上针对性地引导学生进行知识内化和运用，从而达到更好的教学效果。

　　一般来说，翻转课堂主要分为课前、课中、课后三个环节。课前进行前置预学、诊断评价。该环节重在问题设计、资源推送和学情诊断，从而确定学生的学习情况，以此来调整课堂教学，使其更加明确、更具针对性。课中进行针对性教学、内化知识。该环节重在师生互动、协作探究、交流互动等活动，意在实现对知识的二次内化，真正形成自己的理解与思想。课后进行反思分享、

　　① 金陵：《"翻转课堂"翻转了什么？》，载《中国信息技术教育》，2012(9)。
　　② 钟晓流、宋述强、焦丽珍：《信息化环境中基于翻转课堂理念的教学设计研究》，载《开放教育研究》，2013(1)。
　　③ 何朝阳、欧玉芳、曹祁：《美国大学翻转课堂教学模式的启示》，载《高等工程教育研究》，2014(2)。
　　④ 马秀麟、赵国庆、邬彤：《翻转课堂促进大学生自主学习能力发展的实证研究——基于大学计算机公共课的实践》，载《中国电化教育》，2016(7)。

拓展提升。该环节重在实现课堂的延伸，达到知识的拓展，强化知识广度与深度，提升个人学习能力。

第二节　翻转课堂的特征

一般来说，课堂教学过程分为"知识传授"和"知识内化"两个阶段。传统课堂上，教师进行知识讲解，学生课后回家做作业、练习，进行知识的内化。而翻转课堂是将学习过程中"知识传授"和"知识内化"两个阶段颠倒过来，学生在课前通过观看教学视频完成知识的学习，在课堂上通过各种教学形式（如小组讨论、协作探究、问题解决、课堂作业、教师辅导等）完成知识的内化。

翻转课堂作为信息时代的一种新型的教学模式，其特征主要包括以下三个方面：重构教学流程，优化认知环节；增进师生互动，强化交流协作；变革教学方式，促进个性学习。

一、　重构教学流程，　优化认知环节

翻转课堂颠倒了传统的教学流程，优化了学习认知环节。

在课前，学生进行知识学习。学生在平台上自主学习教学视频与有关资源，并通过针对性的练习进行检测反馈。在这个环节中，教师应发挥主导作用，利用自己的理论知识优势，并结合学生的认知方式、思维特点，对教学内容进行分解和重组，以做出适合学生接受和理解的微课资源。

同时，学生也应充分发挥自身的主体性，即学生需要根据自身需要完成有关内容的学习，详细记录学习过程中遇到的疑难困惑点。此外学生可反复观看视频，借助教学工具、网络资源开拓思维，也可在讨论区中提出自己遇到的疑难问题，并积极参与教师、同学之间的交流讨论。

在课堂上，学生进行知识内化。教师首先依据教学内容和学生课前学习时产生的疑惑，归纳并提出有意义的问题，引导学生采用自主探究、小组协作、项目实践等方式进行问题解决，通过成果展示进行交流分享，完成知识内化。然后采用过程性评价、总结性评价等多元评价方式对学生学习情况进行评价反馈。

课后，学生进行拓展提升。教师布置难度适中的练习作业，提供丰富的拓展资源，以供学生有选择性地学习。同时，教学平台为学生提供知识管理工具、评价反思工具等，学生可通过相关学习工具对自身学习情况进行反思，进一步深化知识理解与建构，促进知识迁移。

二、 增进师生互动， 强化交流协作

在翻转课堂中，师生之间、生生之间的多维交互明显增加，师生之间、生生之间的交流不仅仅局限于课堂上面对面的互动，也体现在线上交流。

课前，学生通过观看教学视频、完成学习任务，根据学习过程中存在的疑惑向老师及同学寻求帮助，积极参与讨论。教师根据学生的提问，可随时随地与学生交流互动。师生之间通过课前互动，一方面可以帮助教师进一步了解学生掌握知识点的具体情况，另一方面可以帮助教师在课堂上更具针对性地对疑难困惑点进行讲解，也可以帮助教师灵活调整教学进度。

课中，教师根据学生作业及交流反馈情况，引导学生采用自主探究、小组协作、项目实践等方式进行问题解决，并鼓励学生运用平台工具分享经验收获与实践研究成果。通过课中的交流、探索，有助于培养学生的交流协作能力。

课后，学生可以根据课中学习情况，在学习空间进行总结反思，交流分享经验；也可以组成线上、线下讨论小组，继续完善项目实践。此外，学生也可以在学习空间中展示个人或小组作品，师生、生生进行多维互动评价交流。

通过翻转课堂，师生之间及生生之间的线上与线下的交流互动明显增加，一方面学生将会更加主动地参与学习活动并积极分享学习成果与经验，师生之间的沟通交流将变得更为顺畅。另一方面可以改善学习氛围，学生及教师之间形成学习共同体，更能充分地发挥团体的力量，使学生更加主动地学习。

三、 变革教学方式， 促进个性学习

翻转课堂能有效变革教学方式，促进学生个性化学习，培养学生的自主学习能力，同时有助于提升学生的学习效率。

在传统课堂中，教师统一讲授课程知识点，教师的主要角色是知识的传播者和权威者，学生一般是被动地接受知识。而翻转课堂促使教师转变传统的"以

教师为中心"的教学观念，体现"以学生为中心"，让教师的教学更具有针对性，使学生学习更具个性化。

课前，学生先行观看教学视频，根据自身的实际情况，对重难点进行反复学习；课中，教师主要引导和辅助学生进行学习，鼓励学生主动参与小组协作学习，以提高学生的自主学习能力；课后，教师推送课外拓展资源，学生可以根据自己的兴趣爱好，选择自己感兴趣的内容进行学习。因此，翻转课堂充分体现了"以学生为中心"，使得教辅助学、教适应学、教服务学，以促进学生的个性化学习。

第三节 翻转课堂促进教学创新

翻转课堂促进教学创新主要体现在转变教学理念、创新教学模式和提升人才培养质量三个方面。

首先，翻转课堂不断促使教师转变传统的"以教师为中心"的教学理念，体现"先学后教，以学定教"，倒逼教师的教学更有针对性，学生学习更具个性化。其次，翻转课堂颠覆传统教学模式，关注学生的个性化发展，改变教学重心和内容安排、颠倒教学顺序，转换师生角色，有效避免传统教学中内容和时间的强制性，促进学生知识内化。最后，翻转课堂提升人才培养质量，实现了教学流程的逆序创新，其实践的本质是满足学生个性化学习需要、尊重个体差异发展、实现师生互动及帮助学生提升自主学习与协作学习能力，实现深度学习、聚焦问题解决、培养高阶思维能力，进而提升创新人才培养质量。

一、 转变教学理念

翻转课堂从"以教师为中心"的传统教学理念，转变为"先学后教，以学定教"的"以学生为中心"的新型教学理念，使教师的教学更具针对性，学生学习更具个性化。

传统的教学以大班型授课为主，教学模式往往固化，课堂以教师为中心，教师是课堂的主导者。因此，学生容易失去学习的主动性，而被动地接受学习，这将不利于学生的个性化发展，有碍学生创新能力的培养。

翻转课堂强调"以学生为中心"的教育理念，通过学情诊断，资源推送，动态调整教师课堂教学行为，使其教学更为明确、更具有针对性、更具有个性。在翻转课堂中，学生使用学习终端开展自主学习，自定义步调进行学习，同时参与问题讨论与研讨，能够获得教师的一对一的评价反馈。此外，学习的决定权从教师转移到学生，这有利于聚焦课堂教学的问题解决，有利于优质教育资源的共享，有利于促进教育均衡发展。

二、 创新教学模式

在传统课堂中，课前，学生进行预习，阅读课文内容，学习生字词等。课中，教师引导学生复习回顾旧知识，导入讲解新课并及时练习新知识。课后，教师布置作业，学生进行知识的内化。

在翻转课堂中，课前，教师明确目标，设计问题，为学生提供资源，以便于学生开展自主学习。课中，教师通过预学反馈，明确问题并逐步引导学生互动探究、协作学习。课后学生进行反思分享，拓展提升。课堂内容安排和时间分配发生了改变，师生角色发生了转换，从而有效避免传统教学中学习内容和时间的限制性，促使教师改变教学模式，把教学重心和时间放在组织课堂互动学习和探究学习中，实现师生深度互动，促进学生知识内化，提升学生自主学习与协作学习能力。

三、 提升人才培养质量

翻转课堂颠覆"知识传授"与"知识内化"两个阶段，使学生在学习过程中具有更多自由的空间，具有更多参与讨论的时间，具有更多自主思考的机会。学生的学习从被动型学习转为投入型学习，使得学生思维品质得到提升。

翻转课堂实现教学流程的逆序创新，满足学生个性化学习需要，尊重个体差异发展，实现师生互动，帮助学生实现深度学习，聚焦问题解决，帮助学生提升自主学习与协作学习能力，从而提升创新人才培养质量。

第四节 翻转课堂的发展趋势

本节在对翻转课堂相关研究分析的基础上，结合有关理论研究与应用实践，展望翻转课堂的未来，发现当前国内外翻转课堂发展趋势主要体现在实践模式趋向本土化、技术支持趋向智能化和推广应用服务于人才培养。

一、 翻转课堂实践模式趋向本土化

翻转课堂最初来源于美国，它是为了满足美国教学实践的需要，因此在引入翻转课堂时，不能直接照搬、机械模仿。在将翻转课堂运用到课堂实践时，应该全面深刻地研究它的本质特征、发展历程、实践方法等，而不能肤浅地只在物质化层面搞形式主义。

目前，关于翻转课堂的实践研究越来越趋向于本土化，许多理论被引入到课堂中，如"双重编码理论""认知负荷理论""情境认知理论""知识建构理论"等。同时，很多学者对成功翻转的可行做法进行了提炼，总结形成本地区、本校有效的翻转课堂教学模式。具体来说，翻转课堂的本土化体现在学生学习资料的本土化、课前学生准备的本土化安排、课前教师备课的本土化组织、课上活动安排的本土化设计及学校推进翻转课堂的本土化政策等方面。①

由此可见，目前我国学校正趋向于对翻转课堂进行本土化研究与实践，以更有效地解决教学变革中的实践问题。

二、 翻转课堂技术支持趋向智能化

信息技术日新月异，互联网、云计算、学习分析、人工智能等技术在课堂中的运用越来越趋于成熟，技术支持的翻转课堂也越来越趋于智能化。

翻转课堂的技术支持主要体现在教学视频的制作与编辑、平台支撑学习的资源共享、学情智能诊断与分析、学生讨论与互动等多个环节。总之，在信息技术飞速发展的今天，翻转课堂的技术支持将会有效结合移动学习、云计算、互联网、人工智能等技术，使得其趋向智能化，从而满足学生学习与教师教学

---

① 汪琼、罗淑芳、江婧婧：《翻转课堂本土化实践模式的文本分析》，载《电化教育研究》，2018(2)。

的需求，推进学科教学稳步前行。

三、 翻转课堂推广应用服务于人才培养

翻转课堂立足于课堂教学，依托信息技术变革传统课堂教学模式，培养社会需要的人才，实现我国人才培养模式的创新。

目前，关于翻转课堂的研究逐渐从服务于教学转向服务于创新人才的培养，具体体现在关注学生能力和学科素养的培养等方面，如关注学生的创新能力[①]、批判性思维能力[②]、问题解决能力[③]、自主学习能力[④]、学习兴趣与能力[⑤]、多元读写能力[⑥]等。

随着信息技术的迅猛发展和日新月异的社会变化，对人才提出了更高要求，培养高智能和创新人才逐渐成为教育的出发点和落脚点，而翻转课堂融合新兴的教学理念，依托先进的智能化技术，为培养学生全方位的能力与素养提供了可能。

---

① 董黎明、焦宝聪：《基于创新能力培养的微课程在翻转课堂中应用模型研究》，载《现代中小学教育》，2017(8)。

② 徐海艳：《翻转课堂模式下学生批判性思维能力培养研究》，载《外语电化教学》，2017(1)。

③ 路润娟：《翻转课堂教学模式对学生问题解决能力的培养研究》，载《中小学电教》，2016(11)。

④ 刘正喜、吴千惠：《翻转课堂视角下大学生自主学习能力的培养》，载《现代教育技术》，2015(11)。

⑤ 程志霞、陈子超：《基于翻转课堂的学生学习兴趣与能力培养研究——以小学语文教学为例》，载《教育信息技术》，2017(C2)。

⑥ 孙先洪、张茜、孙作顶：《从多元读写能力培养角度探讨 ESP 翻转课堂设计》，载《外语电化教学》，2017(4)。

第二章
信息技术对翻转课堂的作用

⟶ **内容结构**

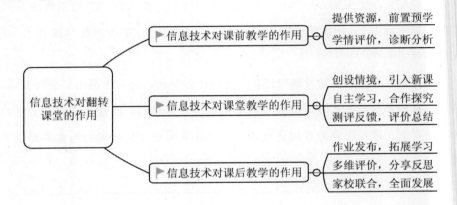

翻转课堂是在信息技术支撑下，学校教学改革转变教与学的重要实践探索。随着"互联网＋"教育的发展，以移动互联、大数据、云计算以及虚拟现实技术为代表的新兴信息技术为翻转课堂的顺利实施提供了重要的技术保障。这一背景下，以移动学习终端为载体，以微课、慕课应用为切入点、以教与学平台的服务为依托的翻转课堂教学结构模式为课堂教学改革带来了新的契机。其中，信息技术主要用于完成知识播送、互动交流、练习测试、数据处理等工作，极大地提高课堂教学效率。[①]

翻转课堂将学习过程中"知识传授"和"知识内化"两个阶段颠倒，促使教学结构创新，有效优化认知环节；教学资源共享，实现内容动态发展；师生互动增加，促进师生、生生交流；教学方式变革，促进学生个性化学习。学生在课前通过观看教学视频完成知识的传授，在课堂上通过各种教学形式（如小组讨

[①] 祝智庭、管珏琪、邱慧娴：《翻转课堂国内应用实践与反思》，载《电化教育研究》，2015(6)。

论、协作探究、问题解决、课堂作业、教师辅导等)完成知识的内化。[1]

与传统课堂相比，翻转课堂的教学模式更能唤醒学生的内驱力，在课前形成自己的学习观点、自己对事物的认知以后再在课堂上与教师发生思想上的交流碰撞，从而推动学生真正理解教学内容，巩固新知。真正地实现教师是学生学习的引导者、知识的传播者，学生是学习的主动研究者、知识的探索者。

第一节　信息技术对课前教学的作用

从学生角度来说，信息技术能够支持前置预学，即能够支持学生根据自己的需求查找资源，完成课前任务，以任务或问题为导向，制订自己的学习计划。学生借助学习平台，自主学习课程视频与教学材料，并通过有针对性、及时反馈的练习进行检测巩固。倘若遇到疑难困惑，学生可反复探究视频，借助教学工具或网络资源开拓思维，也可在讨论区中发表尚未解决的问题，与教师、同学交流讨论。

从教师角度来说，信息技术能支持学情诊断，即教师课前精心设计学习任务单并发布至学习平台，在学生完成课前任务后，对其课前预习反馈的行为数据进行分析，从而帮助教师精准诊断学情，灵活调整课中教学。因此，在翻转课堂课前教学过程中，信息技术主要从以下两个方面来发挥作用。

一、 提供资源， 前置预学

丰富的学习资源是翻转课堂得以实施的根本，这些学习资源可以是学习任务单、主题微视频、电子文档、电子课件、学习网页等。其中，微视频是翻转课堂课前学习阶段的重要载体，它的设计与开发、应用与评价、管理与经验总结为翻转课堂制作视频提供了素材及实践与理论基础。[2] 学生在网络教学平台上

---

[1]　钟晓流、宋述强、焦丽珍：《信息化环境中基于翻转课堂理念的教学设计研究》，载《开放教育研究》，2013(1)。

[2]　陈怡、赵呈领：《基于翻转课堂模式的教学设计及应用研究》，载《现代教育技术》，2014(2)。

可对教学视频、课件、学习指南、测试题、错题库、课外读物等多种学习资源进行整合，从而促进前置预学。

除此以外，信息技术还能为翻转课堂的课前学习提供有效的课程支持。翻转课堂的课前活动重点在于课前学习目标的设计、相关资源推送和学情诊断，而教师通过在学习平台上发布与课程相关的信息，提供课程内容的辅导、答疑等，确定学生课前的学习情况，以此调整课堂教学，使课堂教学更为明确和具有针对性。教师利用信息技术来支持前置预学，既节省了时间，又提高了课堂效率。

下面我们将以 H 学校齐老师所讲的高中一年级物理《研究摩擦力》第一课时为例，来具体说明信息技术对翻转课堂的课前环节的技术支持作用。

"摩擦力"是人教版《高中物理》必修一第二章第三节《摩擦力》第一课时的学习内容，教学对象为高中一年级学生。摩擦力既是本章学习的重点，又是以后学习牛顿运动定律、物体平衡、动量、能量等知识的基础。

本节在对初中学习过的滑动摩擦力进行复习的基础上，直接对滑动摩擦力的概念进行阐述，同时通过观察与思考活动，加深学生对滑动摩擦力的理解；再通过一系列的探究，对静摩擦力的规律进行研究，通过实验认识静摩擦力的规律，引导学生认识静摩擦力与滑动摩擦力的联系。经过大量的教学实践后发现，高中物理课堂教学现存如下几个问题。

第一，课程内容多，课程时间短。课堂知识容量大，在实行新课程改革以后，高中物理每周只有两个课时，课程时间比原来减少了一半，但是高中物理的课程内容及难度却有增无减，探究性学习的内容反而增多了。

那么，如何才能确保在课堂知识容量增加的前提下，还能顺利完成教学目标任务呢？只有通过构建高效的课堂教学，才能解决现面临的问题，而构建高效课堂教学也正是新课程改革的目的之一。

第二，课程难度大，学生能力不同。高中物理学科中的概念和规律等比较抽象，不利于学生的理解记忆，学生普遍认为物理学科的知识难点较多，制约了学生思考物理问题时的逻辑思维。如果不能跨越这种思维障碍，将会在他们的内心深处产生阴影。同时，不同学生理解能力不相同，需要理解的知识点内容也不同。

第三，班级学生众多，无法关注不同学生。一般班级的学生要达到将近 60 人，在课堂上，教师无法关注不同学生学习进度，以及不同学生是否真正理解知识点。

针对上述问题，齐老师在不过分增加学生学习负担、尽量利用课堂时间去满足不同学生学习需求的前提之下，对该课进行了翻转课堂的教学设计，以求减轻教师教学负担。在该案例中，信息技术对翻转课堂的课前支持作用主要表现在以下两个方面。

（一）发布任务，提供资源

一方面，初高中阶段的学生已经具有一定的知识储备和相对较强的自学能力，一些基本概念性的知识已经不再需要像中小学教学那样一一解释灌输，教师完全可以利用课下时间组织学生进行自主学习。另一方面，学生接受新知识需要一个沉淀时期，要借助其现有的知识能力水平来进行进一步的学习深化。

基于此，在本节教学过程中，齐老师利用微视频记录模拟实验的操作（如图 2-1 所示）。在微课视频中，齐老师主要运用言语传递的方式来呈现知识点，通过讲解或提问的方式引导学生进行深入思考，帮助学生进一步理解抽象的理论知识，并为此设计了一份相应的课前学习任务单（如表 2-1 所示）。任务单在帮助教师了解学生现有知识水平的同时，还能帮助学生复习以前所学过的相关知识板块。

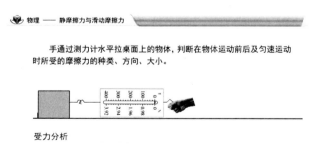

图 2-1　静摩擦力实验验证微课视频

表 2-1　《摩擦力》课前学习任务单

学习指南
1. 知道滑动摩擦力的产生条件，会判断滑动摩擦力的方向，会利用公式 $f = \mu F_N$ 计算滑动摩擦力的大小，知道动摩擦因数与什么因素有关。（重点） 2. 知道静摩擦力产生的条件，会判断静摩擦力的方向，知道什么是最大静摩擦力。（重、难点）

学习小测
一、滑动摩擦力 1. 定义：两个相互接触的物体相对滑动时，物体间产生的阻碍它们相对滑动的作用力，称为滑动摩擦力。 2. 讨论：滑动摩擦力的产生条件为： ①_____；②_____；③_____；④_____。这四个条件缺一不可。 △两物体间有_____才会有滑动摩擦力。（没有弹力不可能有摩擦力） 3. 滑动摩擦力的大小： (1)知识点回忆——影响因素：①_____；②_____。 (2)如何探究滑动摩擦力与这两个因素的关系？ 探究方法：_____　　探究原理：_____

学习收获
经过本节学习后，你有什么启发？一起来聊聊吧！

学习困惑
在本次学习中，你有什么困惑没解决吗？说出来大家一起探讨下！

　　齐老师通过云平台，将交互式课件与课前学习任务单发送到云终端，学生通过云平台下载交互式课件。此后，学生依据视频内容进行自主学习，完成课前学习任务单，并将任务单上传，进行课前反馈。在自主学习过程中，学生对自己在观看微课时不懂的或者有疑问的部分进行备注，并将备注上传至学习日志进行记录。

（二）项目驱动，完成任务

　　项目驱动式教学法，是指将所要学的知识与技能隐含在一个或几个具体的任务中，通过学生提出问题，分析问题所涉及的知识体系，明确问题需要的知识结构，并在教师的支持、指导、帮助下解决问题的一种教学方法。[①]

在教学过程中，为确保学生课前的深度学习，教师可以要求学生在网络平台上完成与其相应的课前作业、思考问题等活动，或者在课程平台上发布以任务或问题为导向的学习任务单，让学生自己制订学习计划，以项目驱动的学习方式达到前置预学的效果。

在本课例中，齐老师发现对于知识重难点的理解与应用是许多学生都跨越不了的一条鸿沟。学生学习新知识并将其完全内化是一个漫长的过程，再加上学科学习中概念和规律等都比较抽象，不利于学生的理解记忆，制约了学生思考问题时的逻辑思维。但是，如果能将课程中新的知识点与学生之前所学过的相关知识进行结合，在其现有的知识层面上进行知识的同化，学生对新知识点的理解就会容易很多。

齐老师借助课前学习任务单，引导学生回忆起初中所学过的相关知识点——摩擦力，由此引入新的教学知识点滑动摩擦和静摩擦，在基于摩擦力的基础上来指导学生理解滑动摩擦和静摩擦的定义和其产生条件的异同之处。

课前学习任务单不仅能让学生及时衔接回顾已经学习过的相关知识内容，还能通过项目驱动的学习形式巩固学生对知识的内化和理解，充分锻炼学生对信息的收集筛选能力。最后依托教学平台的学习日志，对学生在课前学习中产生的问题、思考等生成性教学资源进行及时的记录与梳理，从而促进课堂上的生成性教学。

信息技术为翻转课堂的课前活动提供了海量的学习资源和精准的教学定位，为"前置预学"和"学情诊断"提供了有力的技术支撑，不仅提高了课堂上的教学效率，还为学生之间、师生之间的交流讨论、触发生成教学预留出更多的时间，实现教学相长。

---

① 曾祥光：《任务驱动教学法在翻转课堂实践中的应用研究》，载《中国成人教育》，2014(7)。

➔ 案例分享

案例 2-1：高中一年级物理《摩擦力》第一课时翻转课堂教学的课前准备

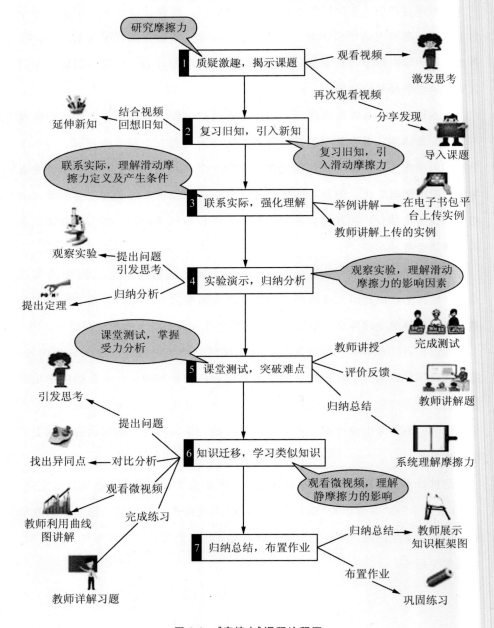

图 2-2　《摩擦力》课程流程图

◆ 知识与技能

1. 探究滑动摩擦的规律，掌握滑动摩擦力的产生条件，会判断滑动摩擦力的方向。

2. 学会运用公式 $f=\mu F_N$ 计算滑动摩擦力的大小。

3. 知道静摩擦力产生的条件，会判断静摩擦力的方向。

4. 通过实验探究，能掌握静摩擦力的变化范围及其最大值，知道静摩擦力略大于滑动摩擦力。

5. 会根据物体的平衡条件简单地计算静摩擦力的大小。

◆ 过程与方法

1. 学会运用实验、观察等获取科学事实的基本方法。

2. 初步学会运用比较归纳法、控制变量法、实验和假设法等获取物理学的基本研究方法，学习探究物体的规律。

3. 通过自己动手实验，培养学生分析问题和解决问题的能力。

◆ 情感态度价值观

1. 通过将摩擦力与生活实例联系起来，激发学生学习物理的兴趣，感受物理的价值和魅力。

2. 通过实验过程、观察思考，培养学生实践——认识（规律）——实践（解决实际问题）的探索精神和实事求是的品质。

3. 通过实验探索研究问题，培养学生突出主要矛盾、忽略次要因素的科学思维方法。

教学重点：1. 掌握滑动摩擦力大小的计算方法及方向的判断。

2. 掌握有无静摩擦力的判断条件及对静摩擦力方向的判别。

教学难点：理解最大静摩擦力。

❖ 课前学习：质疑激趣，揭示课题

❖ 资源的类型：微课、电子书包、优课学习平台、课前学习任务单

❖ 资源的设计：微课、优课学习平台

❖ 学生课前活动

1. 课前在家观看微课，回忆初中所学习过的摩擦力以及相关知识点，并在观看过程中思考以下三个问题。

（1）滑动摩擦力的定义是什么？其产生条件是什么？

（2）静摩擦力的定义是什么？其产生条件是什么？

（3）滑动摩擦力和静摩擦力有何异同之处？

2. 根据视频学习内容，完成课前学习任务单，并上传至学习平台。

❖ 教师课前活动

1. 推送课程相关微课资源。

2. 发布课前学习任务单。

3. 根据学生课前反馈情况，调整教学目标。

二、 学情评价， 诊断分析

在信息技术的支持下，学生能选择不同的观点分别进行互动。学生首先选择其支持的观点，然后通过手写、拍照、输入等方式，把对观点的反馈内容上传至互动谈论交流区，与同学、教师进行观点交流，碰撞出思想的火花。学生还可以向教师提出自己在课堂上对所学知识点模糊不明晰的地方，教师可以针对学生所提出来的疑问进行"一对一"的线上指导，直指学生模糊不清的知识薄弱环节，使学习目标更明确，更具有指向性。

信息技术还可以满足学生对不同认知层次学习策略的需求，例如支持客观题、主观题的互动反馈；PPT、word 等电子课件及黑板板书、纸质作业试卷、口头讲解等多种教学模式下的"一对多"互动反馈。因此，信息技术可有效支持课前阶段的自主学习、交流互动及学情诊断等教学环节，其中，课前学情诊断环节主要是依托学习分析技术。

学习分析技术是指利用各种数据收集和数据分析工具，从教育领域的海量数据中，通过收集、测量、分析和报告等方式，提取出隐含的、有潜在应用价值的、涉及"教与学"或"教学管理"的过程及行为的各种信息、知识与模式，从而为教师的"教"、学生的"学"及教学管理提供智能性的辅助。[①]

在学习分析技术的支持下，学生可以进行自我检测和自我评价，其主要是依据课前任务完成情况及相关问题。而教师根据平台数据的分析结果，对学生的预学情况进行及时的诊断——分析学生学习的兴趣点、学习方式及遇到的困

---

① 潘云鹤、董金祥、陈德人：《计算机图形学——原理、方法及应用》（修订版），北京，高等教育出版社，2003。

难，从而为"以学定教"提供重要的依据。

下面我们将以 G 小学蒋老师所讲的小学二年级数学《角的初步认识》第一课时为例，来进行详细说明。

《角的初步认识》是义务教育教科书二年级数学上册的内容。角属于不规则的平面图形，是数学课程标准中"空间与图形"领域内容的一部分，这些内容与学生的生活实际有着密切的联系，同时也是发展学生空间观念的内容之一。

二年级的学生已经掌握基本的规则平面图形的知识，本节课让二年级的学生结合自己的生活经验，去认识角。一方面使学生初步认识角的基本特征，并学会画角；另一方面培养学生的观察力和空间观念，让学生在实践操作中体会角的概念与现实生活的密切联系。

在本课例中，蒋老师在课前环节利用学习分析技术，对学生预学情况进行学情诊断，起到了"以学定教"的作用，具体主要表现在以下两个方面。

（一）预习效果，即时反馈

教师借助数据收集和数据分析工具，发掘学生在课前自主学习过程中所存在的问题，再对学生学习的起始水平、学习态度与学习方式等进行深度分析，在了解了学生课前学习过程中知识点的薄弱环节后，为其课堂活动起点与过程设计做好铺垫，使教师的"教"与学生的"学"更具有指向性，为课堂教学中的"以学定教"提供了基本依据和重要指导。

蒋老师借助平台生成的自然状态下学生自主学习轨迹的数据图发现，学生注意力集中持久度和学习兴趣的维持尚待提高，学生自主学习效率取决于对课程内容是否感兴趣，感兴趣其自主学习效率就高，基本能掌握课前的学习目标；反之，就不能掌握课前的学习目标。

（二）分析诊断，以学定教

学习分析技术还能帮助教师调整课堂教学结构，包括课堂提问的设计、教学重难点的处理等。通过对终端产生的学生学习数据进行分析，将学生容易出错的知识点归纳成题库，从而进一步提升教学的针对性。

除此以外，因学生受家庭环境、行为习惯等多方面因素的影响，每个学生个体都具有差异性，即每个学生的学习能力、学习习惯等方面存在着差异，所以每个学生在其思维方式、认知方式、学习策略等方面同样也存在着差异。通过学习分析技术，能帮助教师更好地把握学生个体能力情况，以便提供多维度多层次的教学活动，为个性化教学提供生成性教学资源。

在本课例中，蒋老师借助电子书包优课平台的"作业管理"和"数据分析"功能，查看学生课前学习任务单（如表2-2所示）的完成情况。通过对学生课前学习任务的完成情况进行分析与总结（如图2-3所示），蒋老师发现，学生对于几何图形中点、线、面之间的关系认识不够系统；部分学生在此部分内容掌握方面遇到了一定的困难，题目失分率较高。除此以外，还有不少学生对于角的具体特征不够了解，导致其在解决与生活实际相联系的问题时效果不佳。

表 2-2 《角的初步认识》课前学习任务单

学习指南
1. 让学生结合实际生活情境和亲历操作活动来认识角，知道角的各部分的名称。 2. 知道一个角由一个顶点和两条边组成，初步学会用直尺画角的方法。 3. 会比较角的大小。
学习小测
一、填空。 1. 一个角有（ ）个顶点，有（ ）条边。 2. 我们的红领巾有（ ）个角。 3. 数学课本的封面有（ ）个角，它们都是（ ）角。 4. 直角三角板上有（ ）个直角，余下的角比直角（   ）。 二、判断。（对的打"√"，错的打"×"。） 1. 任何一个角都有一个顶点和两条边。 （ ） 2. 改变角的边的长短，不能改变角的大小。 （ ） 3. 角的两边的张口越大，角越大。 （ ） 4. 桌面上的直角比书面上的直角要大一些。 （ ）
学习收获
经过本节学习后，你有什么启发？一起来聊聊吧！
学习困惑
在本次学习中，你有什么困惑没解决吗？说出来大家一起探讨下！

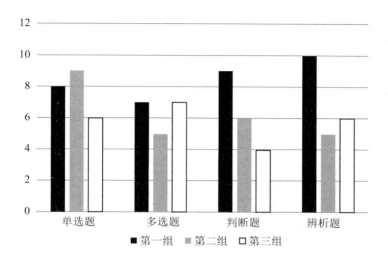

图 2-3　学生课前学习任务单完成情况统计图

因此，蒋老师依托电子书包创设生活场景，让学生通过观察，找出生活中的"角"，设计实践操作如折、摆、做、猜、画等系列活动，让学生利用自己的身体和身边的学具"做"出一个角，进一步理解"角"的特征。充分利用学生已有的生活经验，创设实际生活情境，从学生对课程理解的实际能力出发，激发学生学习兴趣，提供多角度多方式的教学活动。

蒋老师运用探究法和实例分析法，对学生进行有关"角的图形判断""角的大小对比"的讲解，再结合图片、资料和案例分析，使学生对知识点的理解更加深入与生活化。借助优课平台中的"提问"功能，及时了解学生对知识的掌握情况，采用小组合作的学习形式，画角、创造角、设计由角组成的简笔画，从而进行知识的拓展和应用提升，提高学生的合作交流能力及数学应用能力。以此来引导学生获取新知，让学生进一步感受数学"源于生活，用于生活"。与此同时，将学生易错点归纳总结形成题库，发送至教学平台，便于学生日后的复习总结。

教师依托电子书包收集学生在课前学习时存在的一些问题，并对其进行分类总结，在基于学生原有学习水平的前提之下，即学生对于基础性概念知识已经建立起了一定的直观感知，再结合学生的生活经验，从生活场景出发找到相关知识点进行教学，利用平台海量资源的优势，对学生进行多方面思维拓展，让学生学习更自主、更高效、更个性化。从学生自身实际情况出发，对教学策略进行相适应的调整，从而最终实现"以学定教"的教学落地。

第二节　信息技术对课堂教学的作用

　　翻转课堂课中阶段重点在于师生互动、协作探究、交流互动等活动，旨在实现学生对知识的二次内化，真正形成自己的理解与思想。而课中最为主要的任务是通过实施课堂活动完成最大化的知识内化。在这一过程中，以大数据、学习分析技术、人工智能为代表的新兴技术可为教学活动实施提供有效的支持。

一、创设情境，引入新课

　　课堂教学情境是由课堂的具体环境和教学内容、师生情绪和情感等所构成的教学氛围，其包括物理的和心理的两方面内容，是"情"与"境"的融合。以虚拟现实技术为代表的信息技术可将一些真实情境再现，促进学生快速融入学习活动。

　　虚拟现实是以计算机技术为核心，结合相关科学技术，生成与一定范围真实环境在视、听、触感等方面高度近似的数字化环境，用户借助必要的装备与数字化环境中的对象进行交互作用、相互影响，可以产生亲临对应真实环境的感受和体验。[①]

　　基于虚拟现实技术的教学研究发现，虚拟现实学习环境（Virtual Reality Learning Environment，VRLE)对学生的学习具有巨大的辅助和促进作用。首先，虚拟现实学习环境能提供更贴近生活的教学辅助，让学生在生活化的环境中学习知识和技能，提高了知识呈现的情境性与直观性。其次，虚拟现实技术可以为学生提供丰富多样的个性化学习环境，践行"因材施教"的教育理念。再次，虚拟现实学习环境可以融合游戏化的特征，贯彻"寓学于乐"的教育理念，提高学生学习的内在动力。最后，基于虚拟现实技术的在线课堂将一改视频课堂的枯燥乏味，为学生提供主动探索和互动交流的机会，极大地提高学生主动学习的比例。[②]

---

　　①　赵沁平：《虚拟现实综述》，载《中国科学（F辑：信息科学）》，2009(1)。

　　②　丁楠、汪亚珉：《虚拟现实在教育中的应用：优势与挑战》，载《现代教育技术》，2017(2)。

　　虚拟教学是一种将信息技术和现代人才培养管理进行结合的新型教学手段，将人带入到一个虚拟空间内进行教学。虚拟教学主要利用虚拟现实技术构建虚拟的学习环境，再将运用知识所产生的客观现实进行再现，从而将知识要点传授给学生，并引导学生运用自身的视觉和听觉等感觉来接受虚拟环境中的信息，以此来提升学生对于学习的兴趣度及自身的创新意识，引导学生积极发挥自身的想象力，提升创新思维（如图 2-4 所示）。①

图 2-4　虚拟现实技术支持下的教学情境创设

　　如图中所示，教师利用分布式虚拟现实技术构造了一个虚拟真实的教学环境，使分布在教室各个地方的学生都可以通过网络参与到虚拟课堂中。借助网络通信技术、音视频采集处理技术及交互代理等技术，使参与到课堂中的各个对象可以看到彼此。学生可以看到老师的板书、听到老师的讲解，老师也能看到学生的表情和动作、听到学生的提问并随时解答。将医学教学中难点——解剖立体投影，使教学图像立体化，让教学过程更加生动和具有直观性，能将解剖学当中相应的知识点和细节呈现在医学生面前，摆脱了图像教学的单一和枯燥。这种教学方式可以增强师生之间的实时互动，激发学生的学习兴趣，从而提高教学效率。

　　近年来随着虚拟现实技术的发展而产生的增强现实（Augmented Reality，简称 AR）技术在教育中的应用也越来越热门。增强现实技术是通过模拟仿真等技

① 　Azimkulov Ayan：《VR 技术的虚拟教学应用研究》，硕士学位论文，东华大学，2017。

术将其叠加到现实世界，从而被人类所感知，达到超越现实环境的沉浸式体验。①

增强现实技术教育应用以情境学习理论与沉浸理论为理论基础，② 以建构主义学习理论指导知识的获取与吸收，强调个人体验的重要性。③ 基于增强现实技术的课堂教学强调利用增强现实技术创设学习情境，增强现实教具的运用在提高师生兴趣的同时提高了学生的学习效率，对于学习效果的提升也是显而易见的。将学习资源叠加到真实情境中进行教学，使用增强现实教具将抽象经验变为具体经验，通过个人真实体验建构知识体系，达到知识理解内化的效果。

对于教师而言，通过虚拟现实和增强现实技术让教学内容变得形象生动，让学生在课堂中及时、没有限制地观察三维空间内的事物。增强现实技术与移动设备固有特点相结合，将虚拟物体呈现于真实世界中，为移动学习实践提供技术支持，推动了探究性学习的发展。④ 同时，通过硬件与软件的配合有效减少教师在备课和课堂秩序管理中浪费精力的问题。

对于学生而言，全新的课堂教学模式激发学习兴趣，唤醒与生俱来的创造力。学生在对硬件运用过程中进行交互式体验，实现深层次学习、理解性学习。引导学生自主思考和探索，培养学生合作能力和解决问题的能力。

如图 2-5 所示，以往传统的绘画教学通常都只局限于对相应图像的展示，即便是视频展示，也仅仅是某一对象的多角度展示，难以根据学生的需求转换角度对绘画作品进行构思，对于一些绘画效果也难以精准描述到位，因此互动和注释就成了增强现实技术主要的用武之地，这种应用将会极大地激发学生在学习过程中的行动能力，对于培养学生发散性的思维大有裨益，创新也会因此层出不穷。

---

① 姚远：《增强现实应用技术研究》，博士学位论文，浙江大学，2006。
② 胡智标：《增强教学效果　拓展学习空间——增强现实技术在教育中的应用研究》，载《远程教育杂志》，2014(2)。
③ 孙锦、王慧君：《基于增强现实技术的电子书分析——以"AR涂涂乐"为例》，载《数字教育》，2017(3)。
④ 程志、金义富：《基于手机的增强现实及其移动学习应用》，载《电化教育研究》，2013(2)。

图 2-5 增强现实技术支持下的绘画学习

二、 自主学习， 合作探究

信息技术可支持师生、生生围绕问题、任务及相关的学习作品进行交流互动。教师可利用通信软件或者学习平台的讨论模块回答学生在学习过程中遇到的问题；学生可上传个人学习作品至互动讨论区，引发交流（包括表达自己的观点，回复他人的意见、评价等），教师对讨论的整个过程进行针对性的指导，最后师生共同对讨论结果进行归纳总结。

在此过程中，信息技术可辅助教师充分发挥自己的职责，真正地引导、管理和控制讨论过程，也可使学生之间得到自主的、充分的交流，帮助学生更深入地理解知识，扩大学生的视野。

近年来电子书包的不断兴起及其特有的教学功能，为翻转课堂的实现创造了得天独厚的实施条件。电子书包可有效提高学生的学习兴趣，转变学生的学习方式，培养学生自主学习、合作学习、问题解决等能力，并提升学生的学习成绩。教师在设计翻转课堂活动时，应在鼓励学生自主探究、运用所学到的知识来分析解决问题的基础上，充分调动学生的积极性，参与小组协作，共同解决问题。

下面我们将以 J 小学麦老师所讲的初中一年级数学《应用一元一次方程——水箱变高了》第一课时为例，来进行具体说明。

初一阶段的学生已初步养成了较好的自主学习习惯，同时好胜心比较强，渴求获得成功和赞赏。他们对各种知识和新鲜事物都十分感兴趣，学习积极性较高，并且都很善于展示自我。因此，在教学过程中，教师采用启发探究式的方法，引导学生逐步学会从较复杂的生活情境中抽象出数学模型，使学生了解"未知"转化成"已知"的数学思维方式，培养其发现、分析和解决问题的能力，严谨、细致的学习态度及面对问题时的创新意识。

列方程解应用题，其关键还是寻找实际问题中的等量关系。在实际生活中经常会遇到类似本节情境的问题，最关键的是要抓住变化中的不变量，从而设出未知数，再根据等量关系列出方程。

教学时，应鼓励学生独立思考，发现等量关系。特别是对例题，应让学生根据其生活经验和其原有基础进行分组后独立完成，然后再请各小组对四个小问题的解答情况进行汇报，最后组织学生展开讨论：解这道题的关键是什么？从解这道题中你有哪些收获和体验？

因此，本节教材的处理策略是：展现问题情境——提出问题——分析数量关系和等量关系——列出方程，解方程——检验解的合理性。在教学中，电子书包在翻转课堂中提供的支持作用主要体现在以下四个方面。

（一）提供资源，智能推送

电子书包的课程管理系统会根据学生的学习情况推送适合学生水平的习题、个性化学习资料，学生可以根据自己的学情自定步调进行学习，教师则可以弹性变化教学内容与方式，实现因材施教。

麦老师充分利用云平台的网络教学资源，在课堂教学过程中不断向学生推送课程相关资源，通过层层递进的探究活动设计，提升了学生课堂学习效率，实现了不同层次学生的分层提升。

（二）错题点评，有效教学

电子书包平台可精确分析每位学生或全班同学作业、练习的完成情况。教师根据反馈信息分析学生课前练习的得分及错题反思情况，针对普遍存在的疑难点给予简明的点拨与提示，帮助学生明确学习目标，有利于实现个性化的指导与帮助。

麦老师在课上向学生们展示课前练习及学生答题情况分析，请"小老师"为全班同学讲解错题，并引导尝试用多种解题方式答题，帮助学生明确列方程解决实际问题的学习目标并引入课题。

学生学习列方程解答应用题的重难点是寻找实际问题中的等量关系。因此，麦老师在课堂教学中有意涉及图形的问题，借助立体及平面图形，激发学生对数学的学习兴趣和应用数学解决问题的意识，引导学生学会分析复杂问题中的数量关系和等量关系，体会直接或间接设未知数的解题思路，从而建立方程，解决实际问题。在实际生活中，学生也经常会遇到类似的数学问题，其关键点就是需要学生抓住变化中的不变量，根据不变量来设出未知数，最后再根据等量关系列出解题方程。

（三）小组合作，协同探究

教师利用电子书包资源发布平台功能，向学生发布教学例题与课堂练习题，通过小组协作的学习形式对课堂内容进行探究归纳，培养学生学习自主性与团体协作能力，引导学生在质疑、探究中学习，促进学生在教师指导下主动地、富有个性地学习。

本案例教学目标要求学生应具有从生活经历中发现数学并应用相关学习知识解决实际问题的能力，树立其运用发散性思维方式解决实际问题的创新意识。因此，麦老师借由小组合作的学习形式，让学生根据生活经验和原有基础分组，并要求其独立完成例题之后，请各小组选出代表，汇报问题的解答情况。最后，麦老师组织学生展开讨论：解这道题的关键是什么？从解这道题中你有哪些收获和体验？

通过展现问题情境——提出问题——分析数量关系和等量关系——列出方程——解方程——检验解的合理性这一教学思路，引导学生在质疑、探究中学习，体会直接或间接设未知数的解题思路，从而建立方程，解决实际问题。使学生逐步学会从较复杂的生活情境中抽象出数学模型，培养观察发现问题的能力及创新的意识。通过小组合作学习，加强学生互帮互助的集体精神。

（四）提炼方法，巩固提升

在电子书包平台上，系统还能匹配教材章节内容进行自动组卷，教师可对系统题目进行灵活改编，学生在线完成习题后，点击即可查看题解，并撰写错题反思。

电子书包的在线测试，改变了传统纸质作业提交不能及时反馈及保留评价信息的弊端。教师在电子书包教师端即刻便可获得学生测试反馈，选取共性错题进行详细讲解，总结易错题型，引导学生提炼解题方法，梳理整章知识点，提高了课堂效率，使教学效果得以优化。

麦老师在电子书包平台上发布相关测试练习题，学生登录电子书包平台，自主完成教师布置的相关练习。通过电子书包平台的数据分析，将错误率较高的题目统计展现出来。

麦老师请出"小老师"为全班讲解错误率高的题目，在讲解过程中不断引导学生将解题思路精简总结。答题完成后电子书包自动将错题及教师讲解示范的步骤归入错题集，充分运用云平台为学生提供网络教学资源，便于学生日后复习，提升学习效果。

➔ 案例分享

案例 2-2：初中一年级数学《应用一元一次方程——水箱变高了》翻转课堂教学的课中教学设计

❖ 课中学习：分层探究，列一元一次方程解决实际问题的关键和一般步骤

❖ 教学步骤 1：质疑激趣，引入课题

学生活动：

1. 仔细看教师展示课前练习。

2. "小老师"为全班讲解不同的解决方法。

3. 认真听讲。

教师活动：

1. 展示课前练习。

2. 请学生中的"小老师"为全班讲解不同解决方法。

3. 激发学生兴趣，引入课题。

媒体资源：电子书包平台资源推送功能。

❖ 教学步骤 2：分层探究，掌握列方程解决实际问题的关键和步骤

❖ 活动一：小组合作，探究用方程解决实际问题的步骤

学生活动：

1. 用电子书包阅读例题，组长分配完成任务。

2. 小组分享各自答案并探究需归纳的问题，组长作记录。

3. 指名汇报分享。预设：(1)展示各题的答案；(2)归纳列方程解决实际问题的步骤；(3)周长一定时长方形的面积变化。

4. 听教师小结。

教师活动：

1. 引导学生打开电子书包自主阅读例题。

2. 指名学生分享交流、归纳。

3. 小结：列方程解决实际问题的步骤和周长一定时长方形面积的变化情况。

媒体资源：电子书包平台资源推送功能。

❖ 活动二：练习巩固，找等量关系

学生活动：登录电子书包平台，自主完成教师布置的相关练习。

教师活动：在"优课"上发布相关练习题，引导学生完成练习。

媒体资源：电子书包平台在线作业功能。

❖ 活动三：小结拓展

学生活动：小组分享学习内容；汇报。

教师活动：引导学生小组探究；小结。

媒体资源：学生自由分享学习、黑板板书。

❖ 活动四：课堂检测

学生活动：

1. 登录电子书包平台，自主完成教师布置的相关练习。

2. "小老师"为全班讲解错误率高的题目。

教师活动：

1. 在学生中的电子书包平台上发布相关练习题，引导学生完成练习。

2. 请学生中的"小老师"为全班讲解错误率高的题目。

媒体资源：电子书包平台在线作业功能、数据统计分析功能、错题本功能。

三、 测评反馈， 评价总结

比尔·盖茨曾在得克萨斯州首府奥斯汀举行的一个教育会议上说：利用数据分析的教育大数据能够提高学生的学习成绩，拯救美国的公立学校系统，教育技术的发展是数据。[①]

数据是记录信息的载体，是知识的来源。数据的激增意味着人类的记录范围、测量范围和分析范围在不断扩大，知识的边界在不断延伸。数据具有越来越强的可视性、可操作性和可用性，能够越来越细致、精准、全面和及时地反映个人的思维、行为和情感及事物的特性和发展规律，以更加有效地为提升人类各方面的生产力和生活质量服务。将大数据技术应用到支撑学校教学和学生学习过程中，是教育大数据应用的终极目标。[②]

翻转课堂中所使用的智能化教学系统，首先借助考试、阅卷、学习日志等方式对学生进行学习行为数据采集，在对这些数据进行统计分析后，将学生过程性的学习数据（如经常读什么类型的文章、对什么类型的题目较为擅长等）及学生的考试成绩从终端上传到云端，最后依托大数据技术支持的计算框架引擎，完成对区域、学校、班级、学生等多维度的数据处理及分析，给予学生一个最为全面、科学的评价。

如图 2-6 所示，智能终端系统通过 AI 技术对学生的英语作文进行智能识别并进行即时批改，通过多维度的数据处理及分析，不仅能分析出该生在英语作文中主谓一致、动词、名词、搭配、连词、词性误用方面的错误有多少处，还能分析出该生在这些出错的方面与全班同学相比处于什么样的一个状态，能帮助老师更好地判断该生的作文水平该在哪些方面有所提升。除此以外，经过大量实践研究对比分析，如图 2-7 所示，智能终端系统的英语作文打分引擎与人工批改拟合度高达 92.03％，长时间的人工批改会增加教师的教学负荷，而打分引擎能长时间维持一个相对稳定的批改水平，既减轻了教师的教学负担，对于学

---

① 胡德维：《大数据"革命"教育》，载《光明日报》，2013-10-19。

② 姜强、赵蔚、王朋娇、王丽萍：《基于大数据的个性化自适应在线学习分析模型及实现》，载《中国电化教育》，2015(1)。

生而言也相对更加公平。

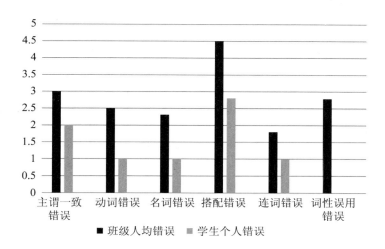

图 2-6 学生与班级英语作文错误统计对比图

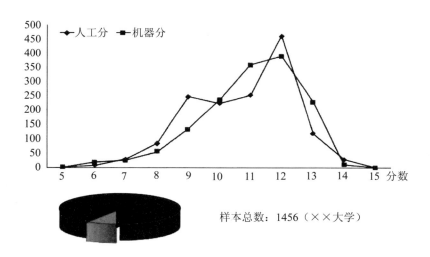

样本总数：1456（××大学）

图 2-7 英语作文打分引擎的人工拟合度对比图

教学云平台可有效支持教学的智能检测与反馈。对于教师来说，在某一问题或任务活动结束后，可利用移动终端在大数据及学习分析技术的支持下为翻转课堂提供个性化学习支持，其中主要包括两方面：自我管理和个性化的资源推送。

（一）自我管理

学生能借助移动终端对个人空间及其相应的错题集、记录本等进行整合。终端能帮助学生管理已学知识或者学习工具。电子书包的"错题本"功能能帮助学生积累练习及作业中的错题，及时梳理知识点。此外，学生还可以根据需要将练习题按学科、标签分类收藏，创建适合自己的题库。

（二）个性化的资源推送

学习终端根据学情诊断结果，结合学生的课堂学习情况个性化推送学习资料，弹性变化教学内容与方式，使用相关软件分析学习情况，从而做出有效的反馈与调整。

对于学生来说，在线测试软件可实时统计练习检测情况，完成相关练习后可根据检测数据分析自己的错误，发现学习问题。对于相关知识的薄弱点、盲点做出精准判断，从而进行有效的反馈与调整，有针对性地为学生提供进一步的学习要求与内容，提高学生的学习效果和课堂教学效率。

可视化是以一种直观的、更加容易感知的图示方式表征信息及其加工的过程。任何复杂的思维过程和知识都可以通过图解的方式将其逻辑关系表示出来。可视化总结是指学生可利用概念图、思维导图等工具对所学知识进行可视化归纳与总结，从而帮助提炼知识结构，方便管理与保存，锻炼思维能力，进而提升翻转课堂活动的教学效率。[①] 在大数据时代，我们更需要强有力的工具通过使数据有意义的方式实现数据可视化。

如图 2-8 所示，学生经过在线词汇测验后，系统后台对其练习和测试进行大数据分析，得出该生在与环境有关的词汇这一块有所欠缺。通过对同班同学后台资料库的搜索分析，向该生推送了与该生词汇水平相适应的有关"环境、环保"的常用高频词汇，将该生英语词汇方面的薄弱点可视化地展现出来。

---

① 潘云鹤、董金祥、陈德人：《计算机图形学——原理、方法及应用》（修订版），北京，高等教育出版社，2003。

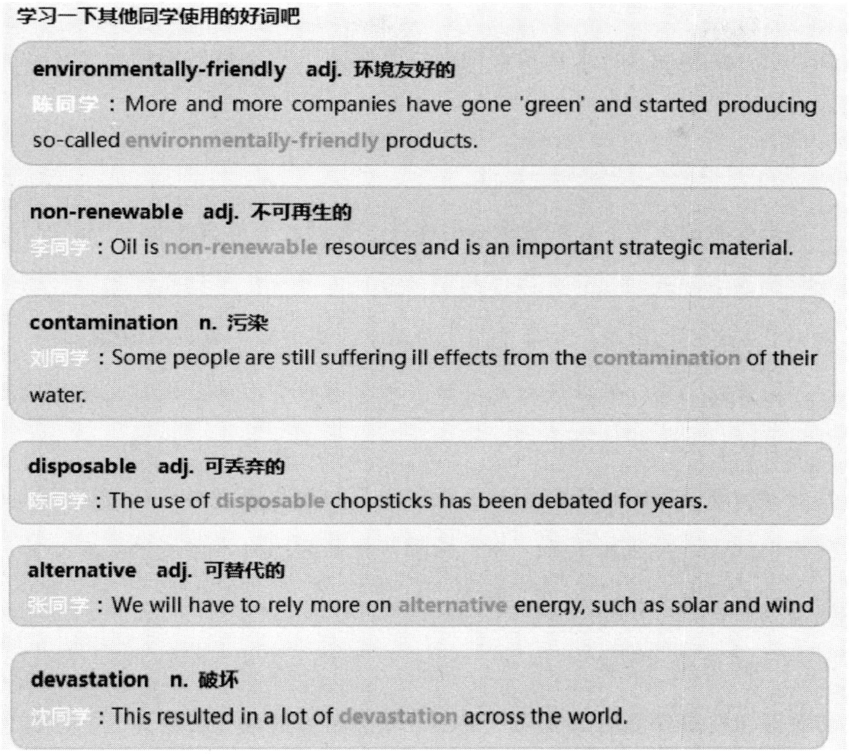

学习一下其他同学使用的好词吧

environmentally-friendly   adj. 环境友好的
陈同学：More and more companies have gone 'green' and started producing so-called environmentally-friendly products.

non-renewable   adj. 不可再生的
李同学：Oil is non-renewable resources and is an important strategic material.

contamination   n. 污染
刘同学：Some people are still suffering ill effects from the contamination of their water.

disposable   adj. 可丢弃的
陈同学：The use of disposable chopsticks has been debated for years.

alternative   adj. 可替代的
张同学：We will have to rely more on alternative energy, such as solar and wind

devastation   n. 破坏
沈同学：This resulted in a lot of devastation across the world.

图 2-8 系统对学生英语词汇相关薄弱点进行的资源推送

下面我们将以 J 中学肖老师所讲的初中一年级英语《Unit 1   Are you getting ready for Spring Festival?》第一课时为例，来进行具体说明。

本节课是外研版七年级上册《Module 10   Spring Festival》的 Unit 1，是一节电子书包辅助的听说课。Module 10 是为了让学生传承本民族文化，学习每一个中国学生都很熟悉的节日——春节，本模块的话题与学生的实际生活经历一致，这有利于帮助学生提高学习英语的兴趣和英语口语水平。Unit 1 是为《Unit 2 My mother's cleaning our house and sweeping away bad luck》和《Unit 3   Language in use》打下基础的一个单元。

本节课要求学生能通过网络资源进行课外知识的积累，开展自主学习，练习所学知识，扩大学习知识范围。教师利用网络资源，引导学生自主听、读、理解课文，培养学生的自主学习能力；利用图片进行陈述、表达或交流，加深学生对语言的理解、记忆和运用；运用小组合作的学习方式，充分调动学生积极参与课堂；在教师的适时指导下，开展师生、生生、自主说的活动训练，培养学生的语言运用能力。在本节课中，由可视化工具支持的翻转课堂体现了以下教学特征。

1. 可自动记录教学过程

在信息技术的支持下，翻转课堂的课外学习已经能够真正做到"雁过留痕"，相较于传统教学方式的录音、摄像的记录方式，可视化工具能为每一位学生提供其学习的"痕迹"的记录，为师生间的对话交流提供更多有力的依据。

应用可视化工具，可以自动记录学生和教师教学活动上机时使用的应用程序和具体时间。便条功能可记录学生在学习讨论中的观点和想法，即每个学生的课堂行为表现所反映出来的生成性教学数据。教师还可将可视化工具应用与学习评价相结合，在营造平等、公正的学习氛围的同时，促使学生逐渐养成自主学习的良好习惯。

2. 可提高课堂参与度

传统课堂教学看似热闹非凡，实际上却只是少数人参与的课堂。而借助可视化工具可将所有学生的姓名进行数据导入并随机处理（如随机分组、随机抽取等），使课堂活动的安排变得更为客观且面向全体学生，为课堂教学创设了全员参与的课堂，提高了学生的课堂参与度。

3. 可创设实时课堂

实时课堂，即教师与学生及教学互动信息间建构的能实时实地联系的课堂。在传统教学过程中，师生间问答和谐，气氛活跃，看似热闹非凡，实质上教师对学生在课堂上学习掌握情况却并不十分理想。

通过使用可视化的工具如投票器、选项问卷等，一方面教师可对全体学生进行测评，并以可视化的方式呈现测评结果，使学生和教师能够即时了解自身和全体同学的学习情况；另一方面在讨论环节中，学生可使用投票器或问卷选项自主确定讨论主题，让教师即时理解学生的讨论兴趣和需求。可视化工具展开的即时测评可设置学生应答是否匿名，这就使实时课堂成为一种对学生而言更为开放、安全的课堂。

在本案例中，肖老师将相关课堂教学资料在上课前和上课中通过平台发送给学生，让学生现场按要求完成。在完成对话模仿后，通过随机分配的形式分成小组，以小组合作的形式进行交流学习。每组派出一位学生代表，由学生代表对任意同班同学进行采访，聊聊他们在春节的时候会有什么样的庆祝活动或者风俗，其他组员分工进行整理记录，用拍照的方式上传至电子书包平台，分享该小组有关春节活动采访的记录报告。最后，每位学生进入投票器系统，进行线上投票，选出"你最感兴趣的活动"。

→ 案例分享

案例 2-3：初中一年级英语《Unit 1　Are you getting ready for Spring Festival?》第一课时翻转课堂课中教学设计

❖ 课中学习

❖ 教学步骤 1：Warm up

学生活动：

1. Students have learn the new words by themselves with E-book

2. Students do exercises with E-book

教师活动：

Check students'self study with E-book

媒体资源：电子书包平台在线作业功能、错题本、数据统计分析功能

❖ 教学步骤 2：Pre-listening

学生活动：

1. Students look at the pictures and guess what the festival is

2. Students look at the pictures and guess what they are doing

3. Students have a word test on their E-book

4. Listen to Act 1 and number the pictures in Act 2

教师活动：

1. Guide the students to use"What are they doing? They are doing…""What's he/she doing? He/She is doing…"by guessing games to lead in new lessons and motivate the Students' interest

2. Check their studying with the help of E-book

3. Play the recording

媒体资源：PPT 课件、电子书包平台在线作业功能、数据统计分析功能、电子书包平台资源推送功能

❖ 教学步骤 3：While-Listening

学生活动：

1. Listen to Act 3 and choose the best answers on their E-book

2. Listen again and fill in blanks in Act 3

教师活动：

1. Check the answers with the help of E-book

2. Check the answers with the help of PPT

媒体资源：电子书包平台在线作业功能、数据统计分析功能

❖ 教学步骤 4：Post-listening

学生活动：

1. The students read the dialogue and finish Act 3-4

2. Find and underline the main language points in the dialogue

3. The students watch the video and follow it on their E-book

4. Follow the video and try to correct their pronunciation and intonation

教师活动：

1. Guide the students to read the dialogue

2. Guide the students to learn the dialogue

3. Give the students tasks to guide the students to learn by themselves with the help of E-book

媒体资源：PPT 课件、电子书包平台资源推送功能、个性朗读功能

❖ 教学步骤 5：Oral practice

学生活动：

Team work：The students imitate the dialogue by following the video. The others listen carefully

教师活动：

1. Random grouping using E-book

2. Check their self-studying by asking the students to read and imitate

媒体资源：电子书包平台随机分组功能、资源推送功能、个性朗读功能

❖ 教学步骤 6：Language use

学生活动：

1. The students do Act 5

2. Team work：The students interview some of their classmates about what they are doing on Spring Festival

3. Students uploaded to the E-book package platform by taking photos to show their report

4. Each student enters the voter system and votes online to select "The Spring Festival event you are most interested in "

教师活动：

1. Guide the students to read the dialogue

2. Ask them to make a report according to their interview

媒体资源：PPT 课件，电子书包平台在线投票功能、数据分析功能

第三节　信息技术对课后教学的作用

　　翻转课堂的课后部分重在实现课堂的延伸，达到知识的拓展，加强知识广度与深度，提升个人学习能力。

一、作业发布，拓展学习

　　教师依托智能终端在学习平台发布课后作业要求，学生能够从学习资源库中获取相关拓展学习素材，丰富其学习内容，拓展知识视野，培养收集信息和处理信息的能力，从而促进个性化、全方位发展。

二、 多维评价， 分享反思

基于电子书包支持的翻转课堂的评价应该是多维度、多方式的。在课堂小结环节，先由学生进行自我评价，再由教师进行评价结果的统计与反馈，让学生针对不足的地方在课后进行加强和补救。可见，翻转课堂的评价方式也更加多元、灵活。

翻转课堂教学评价内容包括检测课程目标达成情况、学生能力发展和学生情感体验等方面。具体内容包括学生答疑情况、资源利用情况、教学目标达成度、学习任务完成情况、达标测试的成绩、实践作品的优劣等；信息素养的提高、学习能力的提高、是否具有创新精神等；学习态度的改变、解决问题的策略与方法、情感认知的体验等。

通过电子量规及学习档案袋等记录并评价学生知识内化的过程与效果，形成自评互评、线上线下评价的多元评价体系。评价方法主要有基于在线测试的即时性评价、基于统计分析的个性化评价、基于互动讨论的多元化评价及基于学习空间的发展性评价。

学生在提交英语作文后，通过智能识别技术识别出学生在英语写作过程中词汇、句子、文章整体结构及内容相关度等多方面，进行评判，在文中准确地标注出来之后给出相适应的分数与评语。除此之外，系统对学生所写文本进行分析后还能按句进行点评，使学生对知识点的把握更加透彻，解决了传统英语作文教学中教师批改工作量大、教学负担重，而学生想提升写作水平却无从下手，也不知道该如何下手的问题。

三、 家校联合， 全面发展

教育并不只是某一方面努力就能获得成功的，单靠学校和教师的力量远远不够，因此，在信息技术支持下，推出家长系统，由家长监督学生课后任务完成进度，并根据完成情况提供及时反馈，家校联合共同促进学生的全面发展。下面我们将以 Y 小学万老师所讲的小学二年级英语《Unit 1　Do you like bananas?》第一课时为例，来进行具体说明。

《Do you like bananas?》通过学习 Amy 与 Lingling 的对话内容，理解并初步学习如何询问别人的喜好并做出回答。要求学生能够理解和听、说单词：banana，apple，orange，milk，ice cream，fruit milkshake. 要求学生能在课文语境下初步理解和使用句型：Do you like... Yes，I do. /No，I don't. 最终，通过理解学习，能结合实际情境，运用上述句型进行表达，也能在小组合作中创造新的情景对话。

小学二年级学生已经经历过一年的学习，已学习过向他人表达自己喜好的句子，懂得如何在情境中运用"I like... / I don't like..."，但并未完整学习过询问他人喜好的回答及连贯对话。其自主学习的能力仍需提高，同时需要教师引导学生个性化自主学习。兴趣是最好的老师，也是学生学习的动力源，有了兴趣，孩子们才能够做到主动学习、高效学习。所以在教学过程中，如何对学生进行激趣就显得尤为重要。

在本课例中，万老师借助学生已有的知识，用做游戏的方式巩固学生对"Do you like..."句型的运用。在完成简单的创编对话练习之后，用言语创设出新情境，引导学生进行小组合作讨论。在学生观看视频的同时，促进其养成合理饮食习惯，对其情感态度价值观进行升华。

最后，万老师在家校联合平台上发布当天英语家庭作业：①要求学生在家长监督下完成语音测评并上传至作业平台。②学生需询问父母的喜好并以调查表形式上交。③在家把课文读给父母听并进行合作创编对话。

➔ 案例分享

案例 2-4：小学二年级英语《Unit 1　Do you like bananas?》第一课时翻转课堂课后家校联合教学设计

❖ 课后学习：Homework

❖ 教学步骤：课堂总结，布置作业

学生活动：

1. 认真听教师总结本课时学习的句型。

2. 课后完成作业。

教师活动：

1. 引导学生回顾本课学习的句型。

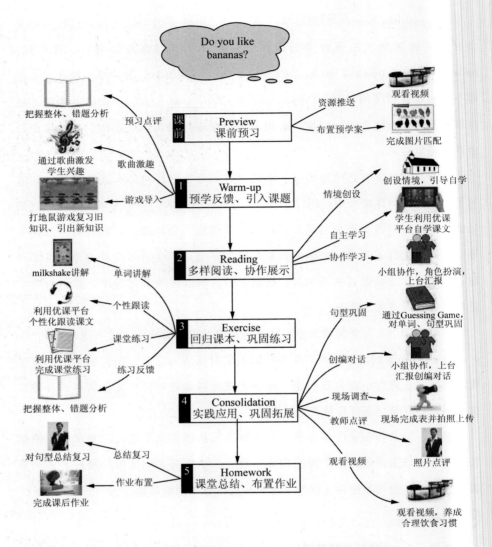

图 2-9 《Unit 1 Do you like bananas?》课程教学流程图

2. 登录家校联合系统，发布课后作业。

(1)学生在家长的监督下，利用优课平台完成语音测评并上传至作业平台。

(2)询问父母的喜好并以调查表形式上交。

(3)在家把课文读给父母听并与父母合作创编对话。

媒体资源：优课平台"录音""作业""跟读"功能

【参考资源】

参考资源一：《角的初步认识》教学设计方案

　　扫一扫，认真学习《角的初步认识》教学设计方案，深入学习翻转课堂的教学设计。

参考资源二：《应用一元一次方程——水箱变高了》教学设计方案

　　扫一扫，认真学习《应用一元一次方程——水箱变高了》的教学设计方案，深入学习翻转课堂的教学设计。

参考资源三：《Unit 1　Are you getting ready for Spring Festival?》教学设计方案

　　扫一扫，认真学习教学设计方案《Unit 1　Are you getting ready for Spring Festival?》，深入学习翻转课堂的教学设计。

参考资源四：《Unit 1　Do you like bananas?》教学设计方案

　　扫一扫，认真学习《Unit 1　Do you like bananas?》教学设计方案。

第三章
支持翻转课堂的微课与慕课制作

内容结构

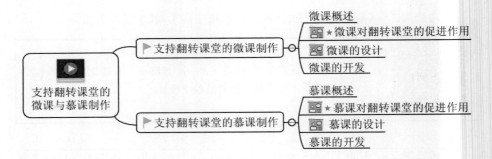

"十三五"期间，教育部将积极推动信息技术与教育融合创新发展，坚持不懈推进教育信息化，努力以信息化为手段扩大优质教育资源覆盖面。由此能看出，教育信息化的推动不仅要靠政策和理念的支持，更需要信息技术与资源的帮助。随着开放教育资源和微课、慕课等新兴资源的兴起，网络学习资源的设计、开发与应用越来越受到人们的关注。毋庸置疑，网络学习资源对促进学习者的网络学习、推动信息技术在教学中的应用发挥了重要的作用。网络学习资源有多种形式，其中最为常见、最被人熟知的资源就要数微课与慕课了。本章，我们将重点介绍微课与慕课这两种网络学习资源的设计与开发。

第一节 支持翻转课堂的微课制作

近年来，以视频为信息传输媒体的微课常态化应用正随着移动技术、视频压缩与传输技术等技术的普及，逐步应用于课堂教学中。同时，在提倡"以学生为中心"教育理念的时代背景下，移动学习、泛在学习、碎片化学习、翻转课堂等融合互联网精神的学习理念不断涌现，为微课的广泛传播提供了教育应用的土壤。微课是信息技术发展与教育变革时代相结合的产物，也是技术与教学应用融合的高级阶段。

一、微课概述

在落实《国家中长期教育改革和发展规划纲要(2010—2020 年)》和实施《教育信息化十年发展规划(2011—2020 年)》之际，在《教育信息化"十三五"规划》提出要变革传统教学模式，将新技术与教学融合的背景下，翻转课堂、慕课、创客教育等信息技术支持的新兴教育、教学模式开始蓬勃发展。其中，微课因其"短而精"的特点成为当前我国教育信息化资源建设的重点和众多学者的研究热点。因此，在介绍支持翻转课堂的微课设计与制作之前，我们首先对微课的内涵、特征及类型进行相关阐述。

(一)微课的内涵

微课全称"微型视频课程"，关于其内涵和定义，教育行政部门、众多教育技术学界的专家学者及教育企业还未形成统一界定。基于不同的视角或不同的应用场合，微课的概念主要可概述为课程说、资源说、教学活动说三种。

课程说的代表为胡铁生。其认为，微课即微课程，是以微型教学视频为主要载体，针对某个学科知识点(如重点、难点、疑点、考点等)或教学环节(如学习活动、主题、实验、学习任务等)而设计开发的一种情景化、支持多种学习方式的新型在线网络视频课程。①

资源说的代表为焦建利。其认为，微课是以阐述某一知识点为目标，以短小精悍的在线视频为表现形式，以学习或教学应用为目的的在线教学视频。②

教学活动说的代表为张一春。其认为，微课是指使学习者自主学习获得最佳效果，经过精心的信息化教学设计，以流媒体形式展示的围绕某个知识点或环节开展的简短、完整的教学活动。③ 此外，教育部全国高校教师网络培训中心将微课定义为以视频为主要载体，记录教师围绕某个知识点或教学环节开展的简短、完整的教学活动。

---

① 胡铁生、黄明燕、李民：《我国微课发展的三个阶段及其启示》，载《远程教育杂志》，2013(4)。
② 焦建利：《微课及其应用与影响》，载《中小学信息技术教育》，2013(4)。
③ 张一春：《精品微课设计与开发》，23 页，北京，高等教育出版社，2016。

本书采用教育部教育管理信息中心的定义，即微课是以教学视频为主要呈现方式，围绕学科知识点、例题习题、疑难问题、实验操作等进行的教学过程及相关资源之有机结合体。

(二)微课的类型

根据不同的标准，我们可以将微课划分成多个不同的类型。

按教学方法分，可将其分为讲授类、问答类、启发类、讨论类、演示类、实验类、练习类、表演类、自主学习类、合作学习类、探究学习类等。目前大多数的微课属讲授类。

按内容分，可将其分为理论原理类、技术技能类等。

按教学环节分，可将其分为新课类、复习类、实验类、活动类等。

按微课制作的技术分，可将其分为拍摄类、录屏类、动画类、录播类等。

按学习环境分，可将其分为教室类、实验室类、现场类、室外类等。

按人物出现情况分，可将其分为旁白类、主讲类、多人讨论类等。

按微课的风格分，可将其分为叙事类、活泼类、悬疑类等。

按学习的模式分，可将其分为探究学习、合作学习等。

按授课形式分，可将其分为讲授、表演、游戏等。①

(三)微课的特征

1. 微型化

"微"是微课最具代表性的特点。微课不同于传统的课程视频，是围绕一门课程的某个单一知识点而设计的微型课，其设计的核心是"知识点"，因此知识内容聚焦且形态微小。其力求在一个微课中深入、透彻地讲解某个知识点，从而有助于学生对知识的理解和掌握。因此，多数学者认为微课的时间不宜超过10分钟，以5～8分钟最为合适。

2. 视频化

微课虽然有多种表现形式，但其主要形式是微型视频，以微型文档为辅，因此教学视频是微课的核心组成内容。微课能将课程中的某一章节、某一课时

---

① 张一春：《精品微课设计与开发》，36～38页，北京，高等教育出版社，2016。

甚至某一个知识点"视频化"，使其易于操作且易于传播。此外，有的微课还提供了文档形式的学习任务单及进阶练习，可对微课进行补充与完善。

3. 优质化

微课的"微"使得单独一节微课无法涵盖所有教学内容，而是针对一个确定的知识点或是学生易错点、教学难点等进行设计，所以必须确保微课的优质化。优质的微课需具有突出的主题内容，教学的内容逻辑性强，过程紧凑，无多余的画面，且呈现形式丰富多样，富有真实性与情境性。

4. 系列化

微课资源是以视频为核心载体的，与相关资源一并构成一系列种类丰富、结构严谨的"主题单元资源包"。因此，由一系列知识点制作成的微课可以实现对课程知识点的系统性教学，形成系统性的知识结构，较常规的学习视频来说更具系统性与科学性，使其具有系列化特征。

二、 微课对翻转课堂的促进作用

翻转课堂主要分为课前、课中、课后三大学习环节，即采用"课外学习、课内消化"的学习方式进行教与学，微课正是其学习环节的核心，从某种程度上来说，微课的质量决定了翻转课堂的教学效果。可见，微课对于翻转课堂而言有着重要的促进作用。

下面，我们以 D 小学崔老师的一节数学翻转课堂《三角形的分类》作为应用案例，详细解读微课对于翻转课堂的促进作用。

按照翻转课堂教、学环节来看，微课对翻转课堂的促进作用主要体现在以下三个方面。

第一，课前的前置学习与诊断评价。

在翻转课堂教学中，教师原本需在课堂上讲授的知识点被放置在课前，学生需根据自己的知识水平和学习经验进行尝试性学习。从学生的角度出发，微课可支持课前的前置预学。学生在课前登录平台或通过移动终端进行自主学习，倘若在学习过程中遇到问题，可反复观看微课进行巩固强化，或通过平台讨论区进行交流互动。从教师的角度出发，微课还具有诊断评价的功能。教师可针对微课内容设计课前学习任务单，也可针对其中的知识点设置课前作业，通过学习平台的相关数据进行学情诊断，了解学生的学习难点，并调整课中的教学设计。

在《三角形的分类》的课前环节，崔老师将"三角形的分类"这一知识点制作成微课，将其发布至学习平台，并下发课前学习任务单。学生在课前利用电子书包自主观看微课，初步进行三角形的分类尝试，并完成课前学习任务单（如图 3-1、图 3-2 所示）。

图 3-1　学生进行前置预学

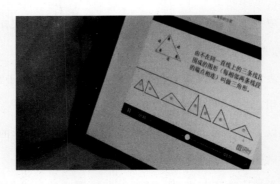

图 3-2　学生进行诊断练习

第二，课中的内化学习与答疑解难。

翻转课堂的课堂学习活动也是知识内化的活动。在课堂中，首先根据学生课前的学习情况，由教师总结出代表性问题进行精讲，随后通过合作探究来解决实际问题，最后进行展示交流，教师进行总结评价，以达到知识内化的目的。在此期间，微课可帮助学生进行内化学习。例如，在课堂导入环节，教师可利用微课进行讲解，使原本枯燥的内容变得生动形象，在充分调动学生积极性的同时突破重难点，从而起到知识内化的作用。此外，微课同样支持课中的答疑解难。例如，在课堂重难点讲解环节可利用微课进行针对性辅导；在合作探究环节可利用微课向学生讲解操作思路与过程，帮助学生完成探究任务，提高学生的动手实践能力。

在《三角形的分类》的课中环节，崔老师为了使学生进一步理解"直角三角形三条边的长短关系"与"等腰三角形和等边三角形每个角的大小关系"两个知识点，在小组合作任务中提出上述问题，并提供探究资源，学生通过电子书包观看微课资料，了解直角三角形、等腰三角形各部分的名称，并通过分工合作完成探究任务（如图 3-3、图 3-4 所示）。

图 3-3　学生在课上观看微课资源

图 3-4　学生进行小组探究

第三，课后的拓展学习与评价反馈。

除了课前与课中的学习活动外，课后的拓展学习与评价反馈同样是翻转课堂必不可少的环节。在该活动中，微课可提供拓展学习资源的支持与评价反馈的支持。一方面，教师可根据课程学习需求与学生的课堂掌握情况，在课后为学生提供拓展型微课，帮助学生拓宽知识面，进一步巩固与强化学习内容，促进知识迁移；另一方面，教师可根据微课内容，结合学生学习情况设置相应的评价反思活动，包括课后拓展练习、课后平台讨论等，帮助学生进行评价反馈，总结升华知识点。

在《三角形的分类》的课后环节，为了进一步使学生巩固所学知识，崔老师根据微课内容设置了基础练习与拓展练习，将答案解析上传至平台，学生对其进行订正、修改，通过观看微课解决尚未掌握的知识点，实现知识的内化与延伸（如图 3-5、图 3-6 所示）。

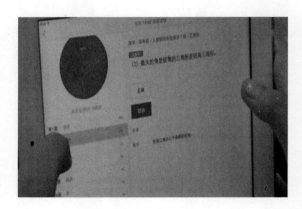

图 3-5　学生进行测试并获得反馈

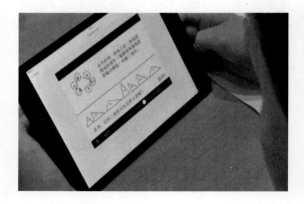

图 3-6　学生进行拓展学习

三、 微课的设计

微课作为翻转课堂的核心，其资源与质量的优劣直接决定了实际教学的质量。目前，微课以其短时高效、简短便捷的特点受到了教师与学者的高度关注。但许多教师对"什么是好的微课""如何设计微课"这些问题并不清楚，导致制作出的微课质量较差，无法适用于教学活动。那么，如何设计好支持翻转课堂的微课？该类微课的设计又应该包括哪些环节？

（一）微课的教学设计

微课的教学设计贯穿于整个微课的设计与开发过程。其要素可分为选题设计、教学目标设计、教学媒体设计、教学过程设计、呈现方式设计五部分。

1. 选题设计

微课选题的类型是多种多样的，但由于微课是翻转课堂的主要载体，它的选题对学生的学习效率有很大影响，因此建议选择针对知识点、主题、例题/习题、实验活动等进行讲授、演算、分析、推理、答疑等的教学选题；同时，选题要"小而精"，建议围绕某个具体的点，而不是抽象、宽泛的面；此外，选题要具备独立性、完整性、示范性、典型性、代表性，建议能够有效解决教与学过程中的重点、难点问题。

2. 教学目标设计

教学目标的描述与教学内容的分析密切相关。首先要依据知识点的内容属性确定具体的教学目标，依据知识点的教学需要考虑媒体的选择与使用，再依据知识点与知识点的联系形成知识结构，最后以知识点为单位检验教学目标。

3. 教学媒体设计

一般来说，教学媒体的类型主要包括文字、图形图像、动画、声音等。进行教学媒体设计时，要明确现有教学条件下能够选择的教学媒体有哪些，接着要分析各种媒体类型的特点，并根据教学目标和内容的需要选定能实现媒体使用目标的教学媒体。

4. 教学过程设计

微课的教学过程设计要有符合学习者特点、教学内容和新课程改革的教学理念，体现特色的教学思想；教学过程围绕教学目标的达成而设计，教学过程设计要有强烈的目标达成意识；教学过程主线清晰，重点突出，逻辑性强，明了易懂。

5. 呈现方式设计

微课的呈现方式有多种，最普遍的是 PPT 录屏结合配音，此外还有手写板、画板录屏与配音相结合的可汗学院式、PPT 结合教师镜头的讲授式及摄像机拍摄整个教学过程的方式等。在进行呈现方式选择时，我们要结合课程内容、学习者特点、教学环境等进行综合考虑，选择出最适合的呈现方式进行设计。

(二)微课的系统结构设计

在翻转课堂中，微课不仅能够帮助学习者进行前置学习与答疑解惑，还可提供评价反馈，帮助学生巩固、强化对知识的理解，此外，还能够有效帮助学生进行拓展迁移。面向翻转课堂的微课资源一般由学习任务单、微课视频、进阶练习三部分组成。

1. 学习任务单

学习任务单是学习支架的主要形态，是教师为达成教学目标而设计的学习活动的载体。它呈现的是学什么和如何学，即在学习过程中需要完成的任务。学习任务单一般需要设计学习指南、学习任务和困惑与建议三个部分。通常，学习任务单用于翻转课堂中的课前环节，与微课视频一起使用，以帮助学生进行前置学习与诊断评价。

2. 微课视频

微课视频通常是围绕某一个知识点进行讲解、用视频形式呈现的教学资源，其时间长度一般在 10 分钟以内，是教学内容主要的呈现形式。微课视频的组成包括片头、正片内容及片尾，视觉上要求精美短小。在翻转课堂教学中，微课视频可根据实际教学需求用于多个环节。课前，微课视频可提供前置学习内容；课中，微课视频可进行重难点讲解与答疑解惑；课后，微课视频可为学习者提供拓展资源，助其拓展迁移。

3. 进阶练习

进阶练习是微课资源的重要组成部分，与微课视频配套，一般采用在线测试方式或者以 word 文档方式进行提交。进阶练习要求能够帮助学生在学习完微课视频之后对所学内容进行巩固和检测，进而分析、评价自己的学习情况。因此，进阶练习多用于翻转课堂中的课中总结与课后练习模块，帮助学生发现存在的问题与不足，教师可针对其评价结果提供相应的帮助。

(三)微课设计案例解读

微课的实质是微型化的视频课程，而微课的设计是一个系统化的过程，需要众多环节紧密联系、相辅相成，才能设计出符合教学特征、质量过硬的微课。下面，我们将针对微课设计的每一个环节，分别举例来解读微课的设计。

1. 微课的教学设计

教学设计是微课设计的核心和灵魂，需要教师用心去打磨。一个优质的微课不光意味着外表的华丽，更重要的是要有科学、合理设计的内容，包括选题、教学目标、教学媒体、教学过程、呈现方式等多方面的设计。

《了解〈弟子规〉》是 P 小学校本微课程《经典诵读》之《弟子规》的第一小节内容。《了解〈弟子规〉》的微课是以《经典诵读》为教学目标导向，对该校校本微课的教学目标、教学内容进行设计。其教学目标符合学科目标与学校办学理念，通过知识点的选取，设计与之相对应的微教案(如表 3-1 所示)。

表 3-1 《了解〈弟子规〉》微教案

作者	康澜馨等	学校	P 小学
课程内容	了解《弟子规》	课程时长	6 分 20 秒
所属学科	语文	教学对象	小学一年级学生
一、教学目标			
通过观看视频了解《弟子规》的内容。 通过诵读《弟子规》的内容，获得主流文化的基本熏陶，养成良好的行为习惯，提高语文素养。			

续表

作者	康澜馨等	学校	P 小学
课程内容	了解《弟子规》	课程时长	6 分 20 秒
所属学科	语文	教学对象	小学一年级学生

二、教学重点

1.《弟子规》的作者是谁。
2.《弟子规》源自哪里。
3.《弟子规》的主要内容。

三、制作工具与使用环境

摄像机、AE、Sony Vegas、多媒体课室。

四、教学过程

使用动画创设情境，引入主题。
采用《弟子规》发布会的形式，通过问答讲授《弟子规》的作者、来源、总叙。
回忆总结所学内容。

五、呈现方式

前期通过摄像机进行录像，后期通过视频编辑软件（AE、Sony Vegas）加入字幕、动态文字、背景音乐，以及对儿童喜爱的动画片进行二次开发，制作出符合儿童认知和兴趣的短片。

　　2. 微课的系统结构设计

　　如果说微课的教学设计赋予了微课灵魂，那么微课的系统结构设计则赋予了微课骨架与血肉。微课的系统结构设计主要包括学习任务单、微课视频、进阶练习三部分。

　　（1）学习任务单。

　　在翻转课堂教学中，学习任务单一般用于课前，以此清晰、明确地告诉学习者"需要学什么、怎么去学"等信息，辅助学生完成前置学习。此外，学习任务单中也可放入相关测试，便于教师实施诊断评价，了解学习者的学习情况与学习问题，进而灵活调整教学安排。

　　《图形的拼组》是 X 小学一年级的一节数学课。执教教师黄老师在课前制作微课，并着手制作学习任务单。黄老师将学习任务单分为"学习指南""学习小测""学习收获""学习困惑"。学习指南部分给出了详细的学习步骤与学习建议，帮助学生完成前置学习；学习小测部分根据课前微课内容设置了相应的基础练习与拓展练习，有效实施诊断评价；学习收获部分要求学生写出学习感悟，与他人进行交流；学习困惑部分要求学生将课前学习中遇到的问题记录下来，方便教师了解学生的学习情况，总结学习问题，以灵活调整课堂活动。

表 3-2 《图形的拼组》课前学习任务单

☆学习指南
1. 请同学们登录班级云平台下载"图形的拼组.swf"课件进行操作。 2. 在进行每一项操作前请认真阅读操作要求，按照任务一到任务三的顺序依次完成。 3. 每完成一项任务的操作请将自己的操作结果截屏保存图片。 4. 操作结束后请完成本学习单中的学习小测。 5. 如果你对本节课有什么困惑或者收获，请记录下来课中和大家分享与交流。
☆学习小测
1. 用两个相同的长方形可以拼出哪些图形(　　)。 A. 长方形　　　B. 正方形　　　C. 两种都可以 2. 用两个相同的三角形可以拼出哪些图形(　　)。 A. 长方形　　　B. 正方形　　　C. 平行四边形　　D. 三角形　　E. 以上都可以 3. 你用多个相同的图形拼出了(　　)图形。 A. 1 种　　　　　B. 2～6 种　　　C. 6 种以上 请举例说明： 用(　　)个相同的(　　)拼出了一个(　　) 用(　　)个相同的(　　)拼出了一个(　　) 用(　　)个相同的(　　)拼出了一个(　　) 用(　　)个相同的(　　)拼出了一个(　　) 4. 你用不同的图形拼出了(　　)不同的图案。 A. 1 种　　　　　B. 2～6 种　　　C. 6 种以上 请把你拼出的图案列出来：
☆学习收获
通过课前的学习，你有什么收获？
☆学习困惑
你在学习的过程中遇到哪些困惑，请你记录下来。

（2）微课视频。

视频是微课的具体表征形式，对视频内容的设计是微课中最为关键的一环。一般来说，微课视频大多都采用流媒体形式来呈现具体的教学过程与教学内容。为了保证微课的有效性与适用性，必须要保证视频简短完整、讲解内容清晰明确，确保重难点突出，且开头结尾要简洁明了。因此，微课视频要求其结构必须完整，包括片头、正片内容及片尾，且时长宜控制在10分钟以内。

《周三径一》微课是Z小学六年级数学课程《圆周率的奥秘》中使用的微课，帮助学生了解"圆周长与直径的比率为三比一"这一概念，并进一步让学生理解圆周率。该微课总时长为2分32秒。

第一，片头与片尾主要是对本节内容的概括，主要内容一般包括课程名称、策划作者、作者单位等。

第二，引入部分。由于该微课的学习对象为小学六年级学生，因此在引入部分并未创设过于复杂的情境，而是简洁明了地指出学习要点，以帮助学生快速进入学习状态。

第三，内容讲解部分。该环节是对新知识的解释，因此需要沿着教学主题逐步展开，突出重点，去除冗杂。该微课从"圆内接正六边形"入手，循序渐进地帮助学生理解"周三径一"的由来（如图3-7所示）。

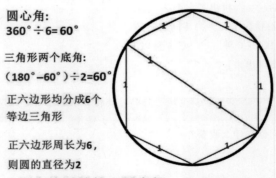

图3-7　《周三径一》微课内容讲解片段

第四，回顾部分。对讲授的知识点进行回顾，帮助学习者强化对知识点的记忆。

（3）进阶练习。

除视频外，进阶练习也是微课资源中的重要组成部分。进阶练习作为巩固提升资源，常用在课中的"总结练习"或课后的"拓展提升"环节。

在《了解〈弟子规〉》微课中，为了帮助学生对所学知识进行巩固，在课后环节设置了相应的进阶练习，教师根据学生的练习情况对学生进行评价反馈。如表 3-3 所示。

表 3-3　《了解〈弟子规〉》进阶练习

一、选择题
1.《弟子规》的作者是(　　)。 A. 贾存仁　　　　　　B. 孔子　　　C. 老子　　　D. 孟子 2.《弟子规》源于(　　)。 A.《道德经》　　　　　　　　B.《论语》之《学而》篇 C.《三字经》　　　　　　　　D.《礼记》
二、填空题
《弟子规》的主要内容： ＿＿＿＿＿＿，＿＿＿＿＿＿。 ＿＿＿＿＿＿，＿＿＿＿＿＿。 ＿＿＿＿＿＿，＿＿＿＿＿＿。 ＿＿＿＿＿＿，＿＿＿＿＿＿。

四、 微课的开发

为了增强微课对教学的适用性，设计、开发微课资源成为当今教师必备的技能之一。开发微课不仅仅意味着要制作视频，还要包括前期的设计、分析与后期的整合、应用等一系列系统工程。关于微课的开发，国内外众多学者分别从不同类型、不同角度出发，提出了诸多流程与方法。这里，我们结合自身的实践经历，归纳出微课开发的流程和相关注意事项。

（一）前期准备

前期准备是微课制作项目的启动，也是为后续的开发和应用做铺垫。在前期准备阶段，核心工作是确定微课的选题。微课主要用来进行翻转课堂教学、移动学习、泛在学习等，所以需要注意的是，微课不适用于对过于复杂且无法分割的教学内容进行讲解。也就是说，并不是所有的教学内容与环节都可以被开发成微课，这就意味着微课的选题必须是在众多的教学环节与知识点中提取出来的、用来解决某一个教学重难点的。因此，微课的选题必须准确实用、内容科学充实、形式短小精悍。只有做到科学、准确地选题，才能保证微课的作用与效果。

（二）设计微课

在做好前期准备后，就可以组织开展微课的设计。微课设计是微课开发中最为核心的部分。这里的设计主要包括微课的教学设计与微课的系统结构设计两大部分。

微课的教学设计主要包括教学目标设计、教学媒体设计、教学过程设计、呈现方式设计。在进行微课设计时，要尽量减少学习者的认知负荷，因此，首先要依据知识点的内容属性确定具体的教学目标；其次要根据教学目标和内容的需要选定能实现媒体使用目标的各种媒体；随后要围绕教学目标与学习者特点，设计出教学活动的各个过程与环节；最后则根据教学需要与实际情况选择微课资源的呈现方式。

完成了教学设计，就需要对微课进行相应的系统结构设计。该环节主要包括学习任务单、微课视频与进阶练习三部分，其目的是对微课资源进行结构设计，以便于后期的制作与开发。微课的系统结构设计为微课的开发制作搭建了基本框架。

（三）微课资源制作

微课资源制作是微课开发中耗时较长、技术难度较大的环节。按照资源类别，我们可以将其分为视频类与非视频类两大资源。

1. 视频类资源的制作

制作视频类资源，首先应该根据课程规划，准备教学素材，制作课程脚本；随后选择适当的工具与方式，进行视频的录制工作；完成录制后，需要对视频做适当的删减、合并、剪切、添加字幕与图片等后期加工或编辑，最后经审核检查后即可进行使用。

在微课资源制作过程中，视频录制是其中较为重要且具有操作难度的一个环节。考虑到目前微课的特征与分类标准，可将视频的制作方式分为外部设备录制式、录屏软件录制式、混合交互式三种类别。

（1）外部设备录制式。

外部设备录制式指利用摄像机、手机等具有录像功能的设备，将教师的教学过程录制下来，经后期加工编辑形成微课视频的制作方式。该方式对电子设备的要求较低，制作方式较为简单。但同时，使用该方式的过程中极易受外界环境干扰，因此采用该方式录制微课时，需注意设备的画面与收音问题，并保证录制地点光线适当、环境安静，否则拍摄出来的视频质量将会很差，无法使用。此外，该种类型的微课一般由教师独自讲解，教师是该方式下的"主体"，在面对镜头时，如何控制教学节奏、如何调整情绪、如何表达情感都是需要考虑的问题。因此，该方式对教师教学能力的要求非常高，需要教师有着一定的基础与相关能力。

（2）录屏软件录制式。

录屏软件录制式指利用录屏软件将电脑屏幕及声音同步录制下来的微课录制方式。常用的录屏软件有屏幕录像大师、Camtasia Studio、Screencast 等，该类软件可手动开始录制与结束录制，并提供视频参数的修改、添加配音、编辑字幕等功能。此外，还需要内容呈现软件与之匹配，常用的内容呈现软件有PPT、Prezi、Focuksy、思维导图等。

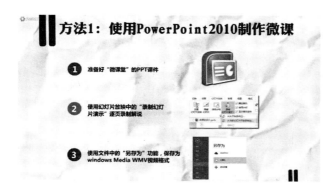

图 3-8 录屏软件录制式课程

下面，我们以 PPT、Prezi、Camtasia Studio 三种软件为例，来介绍微课资源的制作方法。

Microsoft Office PowerPoint 简称 PPT，是微软公司的演示文稿软件。PPT 做出来的东西叫演示文稿，其格式后缀名为 ppt、pptx，也可以保存为 pdf、图片格式等。目前，2010 及以上版本可进行录制操作，并能保存为视频格式。PPT 是最常用的演示文稿软件。使用 PPT 制作微课，一般包括以下三步：第一步需要准备好"微课堂"的 PPT 课件，即准备好需要讲授的内容；第二步使用幻灯片放映中的"录制幻灯片演示"进行逐页录制解说，如图 3-9 所示；第三步使用文件中的"另存为"功能，保存为 windows Media WMV 视频格式。

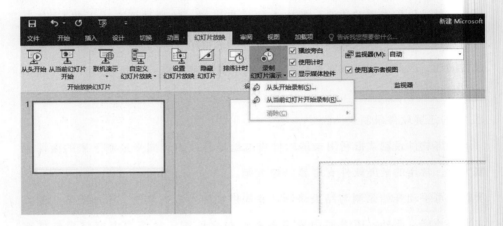

图 3-9　PPT 录制页面

Prezi 类似于 PPT，这款基于网络的演示软件不同于传统的基于幻灯片的演示软件，它采用用户缩放界面（Zooming User Interface，ZUI）技术，只用一张无限大的"画布"作为展示的界面，具有缩放旋转自如、舞台无边界、多元素支持、云端协作等特点。它打破 PPT 的单线条时序，采用系统性和结构性一体化的方式进行演示，以路线的呈现方式配合旋转等动作，颇具视觉冲击力。其操作界面如图 3-10 所示。

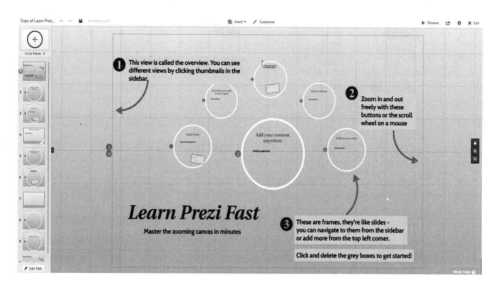

图 3-10　**Prezi** 操作界面

　　使用该软件时，首先需要在 Prezi 官方网站上进行注册，完成后即可在官网上使用网页版或下载客户端进行使用。其操作方式与 PPT 类似，用户可以根据现有模板进行套用，也可自行创建模板，并加入多种呈现动画与路径切换动画。编辑完成后，点击界面右上方的"导出"按钮即可生成演示文稿文件。但该软件为英文版，使用时需要具备一定的英文阅读能力。

　　Camtasia Studio 是一款由美国公司开发的用于屏幕录像、编辑的软件套装。该软件提供了强大的屏幕录像功能、视频剪辑和编辑功能、视频菜单制作功能、视频剧场功能和视频播放功能等，可以快速、方便地将知识变成可视化的视频呈现给学习者（Camtasia Studio 9 的操作界面如图 3-11 所示）。

　　首先，使用者需要准备好微视频的演示文稿与相关材料，准备完成后点击界面左上角的"录制"按钮，在弹出的工具栏中选择录制区域的大小、摄像头是否打开、音频接收来源与大小等相应参数后，点击右方"rec"按钮，即可开始进行录制（如图 3-12 所示）。

图 3-11　Camtasia Studio 9 操作界面

图 3-12　Camtasia Studio 9 录制参数设置

开始录制后，Camtasia Studio 会将用户的电脑界面、操作过程及声音录制下来。录制完成后，用户按"F10"按键即可结束录制，并自动生成一份后缀为". trec"的视频文件，该视频文件只能被 Camtasia Studio 识别。随后，该文件会被自动导入至主界面，用户可以在左侧剪辑工具栏中选择各项功能对视频进行处理，例如增加注释、增加转场动画、添加字幕、消除噪声等。此外，也可在窗口下方的视频剪辑区选中相应的视频选区，进行剪切、删除、移动等操作（如图 3-13 所示）。

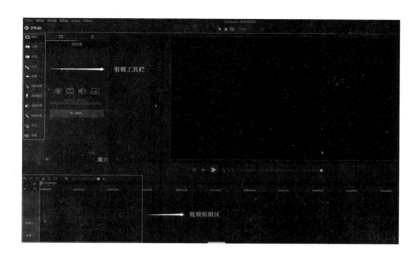

图 3-13　Camtasia Studio 9 后期剪辑区

完成剪辑后，点击界面右上角的"分享"按钮，选择"本地文件"选项，在设置输出视频格式与大小、是否添加水印等选项后，即可导出视频。

采用该种方式录制的微课质量与灵活度更高，但对录制环境有着较高的要求，需注意控制好声音源的清晰度与大小，保证语速正常，并需要适当调节讲授氛围，以便吸引学习者的注意力。

目前，录屏软件录制式因其制作简单、成本低廉等特点，成为一线教师较为常用的微课制作手段。

（3）混合交互式。

混合交互式是指将多种录制方式有机结合，能够实现电脑屏幕、学习资源等场景灵活切换的微课录制方式。该方式能够较好地融合多种录制方式的优点，视觉呈现效果更为出众，视频质量更为精良。但该种类型的微课需要投入大量的时间与精力制作，且制作过程较为烦琐，对教师的视频编辑水平有很高的要求。通常，该种类型的微课多用于大型课程平台、精品课程、教学比赛等，实际教学中较少使用。

2. 非视频类资源的制作

微课除教学视频外还需包含相关的支持材料，以此辅助微课的视频教学。通常，非视频类资源包括微课教学内容简介、教学设计方案、课前学习任务单、多媒体教学素材和课件、教师课后的教学反思、课后练习测试等。

制作该类资源时，一般使用较为常见的办公软件（如 word、PPT）即可。需要注意的是，虽然非视频类资源种类较多，但并不意味着在实际制作时要将上述所有资源全部包含，而应根据具体情况，选择在本节课中必要的材料作为其支撑，并且应当保证资源简洁明了，避免资源堆积导致冗余。

（四）后期测试与审核

微课资源开发完成后并不能直接使用。在正式投入使用之前需要对其进行测试与审核，其目的是确保微课资源的准确性与科学性，防止教学内容错误等现象的出现。需要由专业人士对微课的所有环节进行测试，以便及时发现问题、进行修补。该阶段需要学科专家、教师等多方人员共同协助完成。测试与审核完成后，教师根据现存问题及修改意见，有针对性地对微课资源进行调整。

（五）上传使用与评价修改

经过测试与审核后，即可将微课资源上传至相应的网络环境中投入使用。在使用过程中，教师要及时关注学习者的学习动态与学习情况，并给予相应的学习指导与帮助，避免学习者产生孤独感。同时，教师需参考微课资源的使用情况、学习者的学习情况等方面，对现有微课资源进行评价与动态调整，为下一轮的使用提供思路与帮助。

第二节　支持翻转课堂的慕课制作

随着信息通信技术的飞速发展与社交媒体的普及，在线学习已逐步被人们所熟知，如今已经成为常用的学习方式之一。以慕课为代表的新型在线开放课程和学习平台迅速兴起，掀起在线教育的热潮。作为互联网与教育深度融合的代表性产物，慕课打破了教学的时空限制，激发了学习者的学习积极性与自主性，并促进教学内容、方法、模式和教学管理体制机制发生变革，给教育教学改革发展带来新的机遇和挑战。

一、慕课概述

2015 年 4 月《教育部关于加强高等学校在线开放课程建设应用与管理的意见》（教高〔2015〕3 号）中重点提出"通过在线学习与课堂教学相结合等多种方式

应用在线开放课程"。随后，基础教育掀起了"慕课热潮"，越来越多的中小学教师开始学习慕课，并尝试将慕课与课堂教学结合，以此提高教师队伍素养，实现人才培养目标。如何进行慕课的设计，是慕课建设工作的关键环节。在介绍支持翻转课堂的慕课制作前，以下先对慕课的定义、特征进行详细阐述。

（一）慕课的定义

慕课（Massive Open Online Courses，简称 MOOC），直译为大规模开放在线课程，是面向社会成员的免费获取的在线开放式网络课程，而在线开放课程也随着慕课得以发展。在线开放课程是指把教育扩大到课堂以外，免费为所有能够上网的人提供优质课程，由主讲教师负责，支持各种学习群体在线参与、讲课视频、作业练习、论坛互动和考试相互交织的开放式网络课程。

（二）慕课的特征

结合慕课的概念，慕课的特征主要表现为以下六个方面。

1. 课程规模较大

慕课与一般的网络课程相比，最大的不同在于规模。与传统课程只有十几个或几十个学生不同，一门慕课可以有成千上万的学生加入其中，只有符合"大规模"这一特性，才是典型的慕课。

2. 内容免费开放

慕课内容具有开放授权、开放结构和对全球任何学习者开放的特性，课程资源没有限制，对所有的人免费开放，没有人数限制，不受年龄、肤色、种族的限制，也不受地理、时空的限制。

3. 资源在线共享

慕课的学习者利用网络平台、手机通信软件等，可以自主地在线学习。课程资源是共享开放在网络平台上的，任何人只要具备上网条件，就可以在任何时间、任何地点按照自己的步调开展学习，并且能够及时得到学习反馈。[①]

[①]　陈肖庚、王顶明：《MOOC 的发展历程与主要特征分析》，载《现代教育技术》，2013(11)。

4. 平台交互性强

慕课平台能与课程、课件紧密结合，为学习者提供了交互性较强的学习体验。慕课平台支持教学活动的开展及学习支持服务的实施，能充分利用社交网站支持学习者的广泛交流，且重视基于平台大数据的学习分析。

5. 视频形式多样

慕课资源包括物力资源和人力资源两部分，其中物力资源分为基本信息、自学资源、活动资源、评价资源及学习产出五个要素，人力资源主要包括课程支持者、学习者两个要素。其中，物力资源以优质视频为核心，录制形式生动多样，如课堂实录、演播室录制、实地拍摄、采访式、录屏式等。课程视频具有碎片化的特点，一般不长于 15 分钟。课程视频互动性强，内嵌互动、在线测试反馈、在线讨论等。

6. 课程学分认证

授课教师通过平台发布课程内容、学习活动和讨论主题。学习者通过选课、课程学习、讨论、考试，最终获得课程证书。部分高校可制订在线开放课程教学质量认定标准，将通过本校认定的在线课程纳入培养方案和教学计划，并制订在线课程的教学效果评价办法和学生修读在线课程的学分认定办法。2014 年，广东省教育厅颁布《关于普通高等学校实施学分制管理的意见》，明确提出"鼓励区域内高校联合开设优质课程并推进师资、课程的共享与学分互认。探索建设高校课程互选、学分互认联盟。学生可以根据校际间协议跨校修读课程，在他校修读的课程学分(成绩)由本校审核后予以承认"，对学分的认证对象、认证原则及认定标准做了详细的规定。

二、 慕课对翻转课堂的促进作用

随着"互联网＋"时代的到来，慕课与翻转课堂引发了教育教学的改革与创新。通过直接应用慕课、利用慕课理念改造现有的在线课程和优质课程资源三种方式，可为翻转课堂的实施提供优质资源和服务保障。针对翻转课堂的教学环节，慕课的促进作用主要体现在推送学习资源、组织互动交流、进行评价反馈三个方面。

　　下面，我们以上海市高中名校慕课平台中的《3D 打印——3D 创形设计》为例，向大家解读慕课在翻转课堂中的应用。

　　《3D 打印——3D 创形设计》是 T 中学设计并开发的技术类课程，旨在讲解 3D 打印所使用的电子模型的几种创建思维方法及实战操作，为培养中学生 3D 创形理念、3D 建模技术打下理论和方法基础。其课程界面如图 3-14 所示。

图 3-14　《3D 打印——3D 创形设计》课程界面

（一）推送学习资源

　　翻转课堂将学习过程中"知识传授"和"知识内化"两个阶段颠倒，学生在课前通过观看教学视频完成知识的传授，在课堂上通过各种教学形式（如小组讨论、协作探究、问题解决、课堂作业、教师辅导等）完成知识的内化。① 因此，慕课可为其推送学习资源，帮助教师完成知识的传授，帮助学生进行知识的内化。

　　课前，教师融合慕课的教学理念、教学环境、教学资源、教学工具、教学评价、管理方式等方面的特征，进行慕课的设计与开发，并上传至平台；学生在平台上自主学习课程视频与教学材料，完成前置学习。此外，教师也可采用微信公众号、QQ 群等方式推送学习资源。课中，教师可根据学生课前学习情

---

① 钟晓流、宋述强、焦丽珍：《信息化环境中基于翻转课堂理念的教学设计研究》，载《开放教育研究》，2013（1）。

况，引导学生登录平台自主学习慕课，自学过程中教师可进行个性化指导，对不同学生、不同问题进行针对性解答。课后，慕课平台可为学生提供拓展资源，进一步深化知识理解与建构，并助其进行拓展提升。

在《3D打印——3D创形设计》课程中，教师团队根据学生的学习特点，设计、开发相应的教学视频，并将其发布至平台中，学生在课前根据任务开展在线学习；在课中，学生如果还有知识点尚未掌握，可随时登录慕课平台进行学习；课后，学生根据自身能力与需求，在"拓展资源"模块内获取对应的学习资源进行拓展学习。

(二)组织互动交流

为了防止学生在学习过程中产生孤独感，师生、生生间的互动交流也是必不可少的。慕课可为翻转课堂教学提供组织互动交流服务。

课前，学生如果在前置学习过程中遇到问题或困难，可在慕课平台讨论区中发表尚未解决的问题，与教师、同学交流讨论。在课堂上，教师根据教学内容与课前学习的效果归纳出问题，随后引导学生采用自主探究、小组协作、项目实践等方式进行问题解决，并指导学生以小组为单位，将活动成果上传至慕课平台，通过成果展示进行交流分享，完成知识内化。课后，教师可引导学生在慕课平台上发表自己的学习心得与感悟，鼓励同学间进行交流讨论，帮助学生总结提升。

在《3D打印——3D创形设计》课程中，学生以小组为单位，根据课前任务展开组内互动讨论，并提出存在的问题；课中，教师根据各个小组的学习反馈确定教学问题，组织学生通过协作探究、项目实践等方法开展教学，并利用平台中的"讨论区"模块开展课堂讨论，帮助学生突破重难点；课后，学生将自己的3D设计作品通过拍照的方式上传至讨论区，教师引导学生进行课程总结与心得交流。

(三)进行评价反馈

评价反馈是教师观察与掌握学生学习情况的重要方式与手段。在翻转课堂中，评价反馈不局限于课后进行巩固练习，而是渗透在各个环节中。慕课同样支持教师和学生进行评价反馈。

课前，学生除了需要观看视频、完成前置学习以外，还需通过针对性、及时反馈的练习进行检测巩固；教师通过慕课平台的后台数据进行学情诊断，了解学生学习的难点，调整教学设计。课中，学生可在慕课平台上为其他小组的活动成果进行评价打分；教师可采用过程性评价、总结性评价等多元评价方式对学生学习情况进行评价反馈，并及时给出指导意见。课后，慕课平台可提供总结性练习与测试，通过测试帮助学生巩固、强化所学知识；同时，慕课平台可为学生提供知识管理工具和评价反思工具，学生对自身学习情况进行反思，进一步深化知识理解与建构，并利用在线课程资源进行拓展学习，促进知识迁移。

在《3D打印——3D创形设计》课程中，学生以"完成课前任务"为目标开展自学，随后将课前任务单上传至平台，教师根据其完成情况进行评价，以了解学生的自学情况；课中，教师首先对学生的课前任务单进行简要评价，指出存在的问题，随后指导学生开展课堂实践，并根据学生的表现情况、实践过程、实践作品等进行评价，学生根据教师给出的建议对项目实践进行改进完善；课后，学生需完成相应的任务与作业，完成后上传至慕课平台，教师针对学生不同的完成情况采取不同方式的总结与评价，以实现个性化提升。

三、 慕课的设计

(一)慕课设计的主要内容

慕课具有大规模、开放和实时在线等特征，与此同时，慕课也是一个具有结构性的教学系统。对慕课进行设计是一个系统化的过程，需要应用教学设计与系统工程的理论作为指导。一般来说，对慕课进行设计主要包括以下几个方面(如图 3-15 所示)。

图 3-15　慕课设计的主要内容

1. 课程目标的设计

课程目标是慕课设计的方向标，是课程设计的基础环节和重要因素，同时直接影响和制约着课程内容、课程组织、教学实施等后继课程因素的设计和操作，以及日常的教育教学行为。由此可看出，明确课程目标对慕课的设计至关重要，它为整个慕课的设计提供方向指引，同时服务于慕课设计的各个方面。课程目标是对整门课程学习者要达到的知识目标和技能目标的描述。与传统面对面教学相比，慕课的教学对象具有多样性、不可预测性的特点，范围更广，因此，课程目标的设计要考虑教学对象范围的问题。

2. 课程内容的设计

课程内容是慕课的血肉，设计慕课的课程内容时，应根据已定的课程目标，合理地进行分割与组合、归纳相关知识点，从而形成适配课程目标的教学内容集合。同时，也可以将教学活动、教学情境融入教学内容当中，形成系统完善的内容集合。课程内容是慕课教学中学生最主要、最直接的学习对象，课程各个章节内容依次呈现，同时还包括章节测试题、期末测试等。由于在线开放课程受众的多样性，学生的知识基础不尽相同，课程内容应该具有一定的拓展性和弹性，即同一内容能提供多种可选择的方案，以满足不同层次学生的需求。

3. 课程结构的设计

课程结构是课程内容的结构化展现，在设计课程结构时，一方面应充分分析现有慕课的课程结构，根据自己的实际情况灵活调整；另一方面应充分调研慕课平台的作用，根据平台支持的形式灵活调整课程结构。课程结构通常体现了课程完整的教学流程，包括课程信息、课程资源、讨论区、测验作业、评分标准、考试六大基本模块。我们也可以根据学科特点，与平台开发商协商，相应地进行模块增减。

4. 课程资源的设计

课程资源主要分为四种类型：非结构化、开放式的课程资源形态；结构化、确定性的课程资源形态；任务导向(或项目驱动)式的课程资源形态；半结构化、半开放式的课程资源形态。设计课程资源时应结合教学目标、内容、教学对象的特点及课程平台的功能支持进行灵活调整。

5. 课程服务的设计

课程服务是慕课的重要组成部分。由于慕课和传统线下课程不同，学习者在课程平台中进行自主学习，学习者间交流互动较弱。这就需要提供相应的课程服务，帮助学习者解决学习中遇到的困难、形成学习社群，支持学习者顺利完成课程。

6. 课程评价的设计

课程评价是衡量在线开放课程建设质量和学习者学习效果的重要手段。每个课程都需选择、设置评价类型与标准以引导、激励学习者学习。在线开放课程学习的评价依赖于在线评价系统实现。评价的因素有定性指标和定量指标，评价类型包括形成性评价和总结性评价，而且更加关注形成性评价的促教与促学作用。例如一门课程按百分制计算，单元测验和课程作业各占 30％、在线讨论和期末考试各占 20％，也可以根据学科特点适当调整比例。由于在线开放课程学习者数量巨大，因此评价方式通常以学生自评和互评为主，教师评价为辅。

（二）慕课设计的案例解读

慕课的设计是一个系统工程，需要将系统工程的思想和教学设计的基本原则相结合，才能够设计出一门符合教学规律、学习规模较大、学习影响广泛的课程。我们以《智慧课堂教学》慕课作为案例，详细解读慕课的设计。

1. 课程目标的设计

《智慧课堂教学》慕课是一门针对中小学一线教师的培训课程，通过对本课程的学习，要求一线教师可以明晰智慧课堂教学的概念和内涵，掌握智慧课堂教学设计和教学模式、智慧课堂教学评价的过程与方法，并能够在实践中应用智慧课堂教学的理念、过程和方法，深入应用信息技术重构传统课堂教学结构，再造传统课堂教学流程。

2. 课程内容的设计

根据课程目标，《智慧课堂教学》慕课在原有内容系统的基础上，结合当前热点与前沿，重构设计成 7 个模块，其中第一个模块为课程准备篇，旨在帮助学习者了解课程内容，学会平台相关操作；最后一个模块为课程总结与考试，旨在帮助学习者总结课程学习，检测学习效果（如图 3-16 所示）。

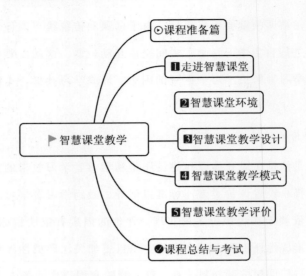

图 3-16 《智慧课堂教学》慕课内容

各个专题的知识点如表 3-4 所示。

表 3-4 《智慧课堂教学》慕课知识点

专题名称	主题	知识点
课程准备篇		课程基本信息 课程目标 课程内容 课程评价方式 课程团队 平台操作
一、走进智慧课堂		智慧课堂的起源 智慧课堂的内涵 智慧课堂教学之路
二、智慧课堂环境		智慧教室总览 电子书包系统 交互式电子白板系统 智能录播系统

续表

专题名称	主题	知识点
三、智慧课堂教学设计	学情智能诊断	什么是学情智能诊断 为什么要进行学情智能诊断 怎么开展学情智能诊断 案例解读
	资源智能推送	什么是资源智能推送 为什么要进行资源智能推送 怎么开展资源智能推送 案例解读
	学习活动设计	什么是学习活动 如何设计学习活动 案例解读
	多元智能评价	什么是多元智能评价 为什么要进行多元智能评价 怎样实施多元智能评价 案例解读
四、智慧课堂教学模式	智慧课堂个性化教学模式	个性化教学内涵 智慧课堂个性化教学模式 案例解读
	智慧课堂探究教学模式	探究教学内涵 智慧课堂探究教学模式 案例解读
	智慧课堂混合教学模式	混合教学内涵 智慧课堂混合教学模式 案例解读
	智慧课堂生成性教学模式	生成性教学内涵 智慧课堂生成性教学模式 案例解读
五、智慧课堂教学评价	什么是智慧课堂教学评价	教学评价的内涵 什么是智慧课堂教学评价
	基于大数据的智慧课堂教学评价	大数据的内涵 基于大数据的智慧课堂教学评价过程 案例解读

续表

专题名称	主题	知识点
五、智慧课堂教学评价	基于可视化技术的智慧课堂教学评价	可视化技术的内涵 基于可视化技术的智慧课堂教学评价过程 案例解读
	基于学习分析的智慧课堂教学评价	学习分析的内涵 基于学习分析的智慧课堂教学评价过程 案例解读
课程总结与考试		课程总结 课程考试

3. 课程结构的设计

《教学设计原理与方法》在线开放课程是在中国大学慕课平台中开设的。该平台的主要模块包括公告、教学计划安排、评分标准、课件、测验与作业、考试、讨论区。我们根据课程的实际情况，加设了课程分享和常见问题两个模块（如图 3-17 所示）。

图 3-17　《智慧课堂教学》慕课课程结构图

4. 课程资源的设计

在线开放课程资源与精品资源、共享课资源有很大区别。在线开放课程资源可以分为非结构化、开放式；确定的、结构化、系统化；半结构化、半开放式三种形态。课程资源形态不同，其内容、资源、活动组织也各不相同，各有特色（如表 3-5 所示）。

表 3-5　慕课课程资源形态

形态	非结构化、开放式	确定的、结构化、系统化	半结构化、半开放式
内容 资源 活动	课程网站包括主频道聊天、阅读讨论区、每日简报、简报档案、博客列表、博客提要、录音、公告 RSS、博客 RSS、OPML 提要列表、论坛资源、社交媒体资源	基于平台的课件（教学视频）、课程信息、讨论区、Wiki 活动、课程大纲、扩展学习资料、课程测试题、教师推荐书目网站、课程评论	基于平台的课程表、教学大纲、视频、参考资料、文本、知识卡、测试、评论、论坛、考核信息

总体而言，在线开放课程资源的设计包括对演示文稿、知识点讲授视频、随堂测验、富文本、课堂讨论等的设计。而视频作为在线开放课程资源的核心，具有录制形式生动多样、碎片化、互动性的特点。视频的表现形式有多种，包括纯手写勾画、PPT 录屏、PPT 录屏＋手写勾画、画中画、采用近景或中景的课堂实录，还有演播厅、绿幕抠屏、实地拍摄、专家对话、专题访谈等形式。

《智慧课堂教学》慕课课程资源类型包括微课、拍摄的视频、讨论、问卷、课程作业等。根据各个专题的具体内容设计相应的资源，具体如表 3-6 所示。

表 3-6　《智慧课堂教学》慕课课程资源建设规划

专题名称	主题	资源类型
课程准备篇		微视频、富文本、问卷、讨论、测试
一、走进智慧课堂		微视频、富文本、讨论、测试
二、智慧课堂环境		微视频、富文本、讨论、测试、网址
三、智慧课堂教学设计	学情智能诊断	微视频、富文本、讨论、网址
	资源智能推送	微视频、富文本、讨论、网址
	学习活动设计	微视频、富文本、讨论、网址
	多元智能评价	微视频、富文本、讨论、作业、测试

续表

专题名称	主题	资源类型
四、智慧课堂教学模式	智慧课堂个性化教学模式	微视频、富文本、讨论、网址
	智慧课堂探究教学模式	微视频、富文本、讨论、网址
	智慧课堂混合教学模式	微视频、富文本、讨论、网址
	智慧课堂生成性教学模式	微视频、富文本、讨论、测试
五、智慧课堂教学评价	什么是智慧课堂教学评价	微视频、富文本、讨论、网址
	基于大数据的智慧课堂教学评价	微视频、富文本、讨论、网址
	基于可视化技术的智慧课堂教学评价	微视频、富文本、讨论、网址
	基于学习分析的智慧课堂教学评价	微视频、富文本、讨论、作业、测试
课程总结与考试		富文本、讨论、作业、考试

5. 课程服务的设计

课程服务的作用是指导、帮助和促进学生自主学习。课程服务的设计直接影响学生的学习效果。借鉴《中国 MOOCs 建设与发展白皮书》，我们将在线开放课程学习支持服务分为导学、督学、助学三种类型。每种类型分别包括不同的资源，具体如表 3-7 所示。

表 3-7　在线开放课程学习支持服务的类型

导学	督学	助学
◆ 课程介绍 ◆ 学习指南 ◆ 常见问题 ◆ 课程推荐	◆ 学习进度提醒 ◆ 课程信息提醒	◆ 线上讨论 ◆ 线下讨论 ◆ 集中答疑 ◆ 一对一辅导 ◆ 问题反馈/投诉 ◆ 课程笔记

《智慧课堂教学》慕课的学习支持服务包括导学、督学、助学。导学主要是课程介绍，如图 3-18 所示。督学主要是学习进度提醒与课程信息提醒，如图 3-19 所示。与此同时，本课程也采用微信公众平台的方式同步进行学习进度与课

程信息提醒，如图 3-20 所示。助学主要包括讨论、答疑交流。答疑交流不仅可在平台提供的功能上完成，如图 3-21 所示，也可采用直播集中答疑。

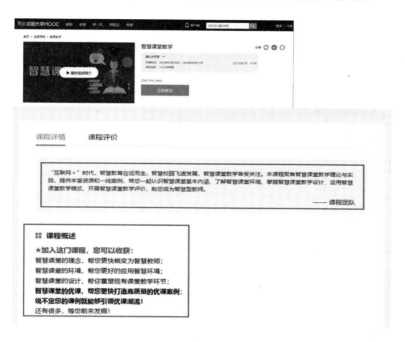

图 3-18 《智慧课堂教学》慕课课程导学服务

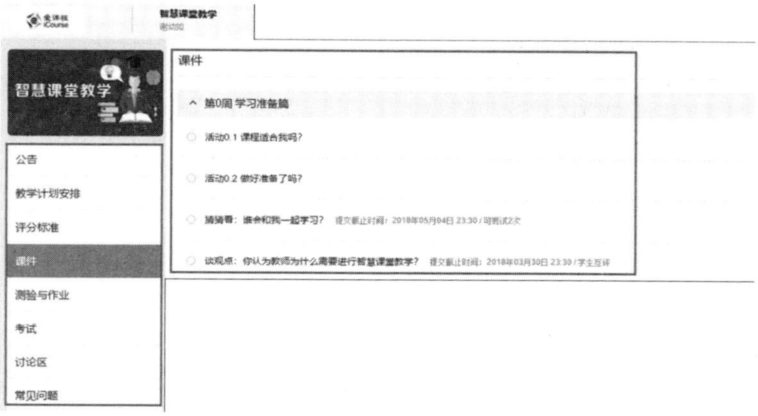

图 3-19 《智慧课堂教学》慕课学习进度与课程信息提醒

图 3-20 《智慧课堂教学》慕课学习进度与课程信息微信同步提醒

图 3-21 《智慧课堂教学》慕课课程助学答疑

　　《智慧课堂教学》慕课除了采用多种形式的学习支持服务外，在引导学习者开展自组织学习上进行了相关支持。课程团队通过开设常见问题栏目，供学习者自主查找相关问题和解决方案；通过设置针对性答疑帖，供学习者反馈相关问题；通过设置对某问题的置顶，供学习者之间相互解答；通过对已解答的问题设置已解决标签，最大限度方便学习者解决自己的问题。同时，课程的学习者还自发建立了QQ群，课程提供邮件和微信公众号等多种渠道，充分支持学习者自组织学习。

6. 课程评价的设计

《智慧课堂教学》慕课课程评价标准主要包括模块测试、课程考试、课程作业和课程讨论几个部分。学生的课程总成绩＝模块测试（20％）＋课程作业（30％）＋课程考试（25％）＋课程讨论（25％）。其中，第二至第五模块的模块测试占课程总成绩的20％，第三和第五模块的两个作业成绩占课程总成绩的30％，课程考试占课程总成绩的25％，课程讨论参与情况占课程总成绩的25％。

四、 慕课的开发

慕课的设计与开发都是系统工程。系统工程是为了最好地实现系统的目的，对系统的组成要素、组织结构、信息流、控制机构等进行分析研究的科学方法。它运用各种组织管理技术，使系统的整体与局部之间的关系协调和相互配合，实现总体的最优运行。我们结合自身多门慕课的建设过程，归纳出慕课的开发流程和相关注意事项。

（一）前期准备

前期准备是慕课开发项目的启动，也是为后续开发和上线运营做铺垫。在前期准备阶段，我们需要确定慕课的主题、教学目标、教学内容，同时制订开发计划，组建开发团队，协商慕课的规划与设计。这个阶段需要在开课时间前6个月完成，分析课程目标时要考察现有课程内容的范围、深度和学习内容的组成形式，进而确定目标课程的主题、授课方式及学习支持方式。分析学习对象时要确定课程的目标学习者及其基础知识水平。此外，这一阶段还需要对不熟悉慕课的参与者进行培训。我们建议组建分工明确、成员可以优势互补的项目团队，并制定相应的开发规范，如视频分辨率、码流、长度及文本的格式、字数等。

（二）课程设计

在做好前期准备后，就可以组织开展课程的设计。课程设计是慕课开发的核心，这里的设计包括内容、资源、活动、支持服务和评价等方面的设计。现阶段的慕课同时也需要根据需求设计课程情境，让一个情境从始至终贯穿整个课程，让学习者具有代入感。课程设计时需要保证内容的科学性、正确性与完整性，注重知识的时效性。设计方案应有机动调整的余地，便于后期修改。如果后期自己制作，则需要及时保留制作工程文件以便调整。如果将制作工作外包，则需注意和制作方的沟通，确保制作方准确理解设计意图，并能够以合理的成本实现。

（三）资源制作

资源制作是课程制作中跨度较大、耗时较长的环节，涉及课程中的视频、富文本、讨论、测试和作业等不同资源的制作。视频制作应根据课程规划，制作课程脚本并审核通过后，再用相关技术进行合成。文本和相关讨论的制作应确保格式一致、字体一致。与此同时，应为每个视频制作相应的字幕和文字稿，以方便学习习惯不同的学习者进行学习。在资源制作的过程中，最好以一个模块为样例，完成后归纳相关经验，总结遇到的问题，形成团队知识库，以供其他模块制作时查阅。

这里，主要介绍两款常用的慕课资源制作工具：Focusky、Adobe Premiere。

1. Focusky

Focusky 是一款简单易上手的 3D 动态 PPT 制作软件、动画视频制作软件，编辑模式类似于 PPT，呈现形式类似于 Prezi，适合制作课件、微课、演示文稿等，是制作慕课资源的常用软件之一。

Focusky 界面如图 3-22 所示，主要包括菜单栏、模板栏、搜索栏等模块。使用者既可以在"在线模板"中挑选模板素材，也可以选择"新建空白项目"进行自主设计，还可以选择"导入 PPT 新建项目"，使系统自动将 PPT 转换为对应的 Focusky 素材。

用户选择模板素材后，会进入文稿编辑区，其操作界面与功能如图 3-23 所示。Focusky 的编辑方式与 PPT 类似，操作较为简单。除了基本的编辑功能以外，Focusky 提供了丰富多样的动画特效、转场特效、播放路径等，用户可以根据实际需求对演示文稿进行调整与优化。此外，Focusky 支持用户对幻灯片进行

图 3-22 Focusky 主界面

配音、录音与添加字幕。

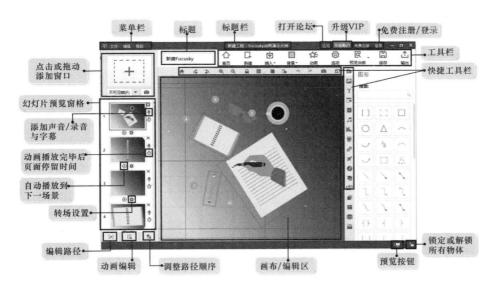

图 3-23 Focusky 操作界面

完成编辑后，选择"输出"选项，即可将演示文稿进行输出。目前，Focusky 支持生成的格式有 EXE、HTML5、Mac APP、ZIP、PDF 等，也可将其生成为 MP4 或 FLV 格式上传至云分享与微信分享。

2. Adobe Premiere

Adobe Premiere 是一款较为常用的视频编辑软件，由 Adobe 公司推出。该软件兼容性较好，可与 Adobe 公司推出的其他产品相互联动协作。Adobe Premiere Pro CC 2014 版本的操作界面如图 3-24 所示。

图 3-24　Adobe Premiere Pro CC 2014 操作界面

Premiere 多用于将多段视频进行合并、对某一视频进行局部剪切处理、添加过渡和滤镜效果、添加音频、添加字幕等，在慕课资源制作过程中主要用于处理、加工视频，使其更加出彩。完成处理后，用户可根据平台要求，自主选择导出视频的格式、大小、清晰度等参数。

除上述工具外，还有多种工具能够用于慕课资源的制作与开发，这里不再一一列举。

（四）上传测试

在制作完成所有课程资源后，就可以上传慕课平台进行测试了。建议制作者在视频上传平台之前进行本地审查，确认无误后再上传平台。不同的课程平台需要做的上传工作不同，一般包括导入文字内容和视频内容，配置练习、作业和测试，并将课程切换到试用状态。审核工作主要检查课程资源的科学性、伦理和版权问题。测试工作是指课程上传后，由校内学生或者志愿者对课程的所有环节进行试用以便发现问题，这个阶段需要平台方面的管理人员协助完成。

（五）上线运营及维护

在课程审查测试合格后，就可以按照既定时间面向全球学习者开课。在开课过程中，课程团队应做好完善的学习支持服务，帮助学习者解决相关平台操作等技术问题，让学习者形成学习归属感。运营过程中，主讲教师及课程助教需及时关注学习者学习讨论情况，并给予适当的指导。同时还需实时监测作业与测试的完成情况，密切关注学习者对课程的评价和相关建议，为下一轮课程的调整提供相应的依据。

【参考资源】

参考资源一：《弟子规》微课

扫一扫，认真学习微课案例《弟子规》，深入理解微课的设计方法。

参考资源二：《周三径一》微课

扫一扫，认真学习微课案例《周三径一》，深入理解微课的设计方法。

参考资源三：《智慧课堂教学》慕课课程

扫一扫，登录中国大学慕课平台学习《智慧课堂教学》慕课课程，深入感受慕课的设计。

第四章
翻转课堂的教学设计

➔ 内容结构

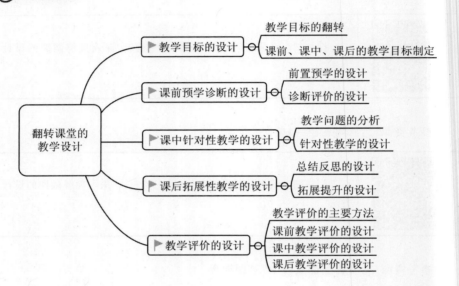

翻转课堂将课中"知识传授"环节与课后"知识内化"环节进行颠倒，实现课堂流程结构再造，以更加合理的方式促进学生对知识的内化吸收，有效提升学生学习效果。

翻转课堂教学理念引入之时，正值我国大力推行课堂教育变革、重视教育教学工作的重要阶段。翻转课堂凭借其得天独厚的优势，迅速在各级各类学校中普及。然而任何教学模式都不应盲目跟从、完全照抄，否则就与教学理念和教学规律相背离。因此，在实施翻转课堂教学之前，需要思考以下三个问题：一是能不能翻转？从学生、内容、学科、学段等多方面考虑适不适合翻转教学。二是如何翻转？考虑实施翻转课堂教学的网络环境与资源的保障条件。三是翻转后效果如何？考虑翻转了以后是否能实现预期的教学目标。

本章根据翻转课堂的特点，结合教学设计的理论与方法，对翻转课堂教学目标的设计、课前预学诊断的设计、课中针对性教学的设计、课后拓展性教学的设计，以及教学评价的设计等方面展开具体阐述。

第一节 教学目标的设计

教学目标是教学设计的出发点及归宿。它是指期望学生在完成学习活动之后所能达到的效果。在教学过程中，教学目标起着非常重要的作用，是指导、实施、评价教学的基本依据。教学目标具有导向、控制、激励、评价功能，因此教学目标是否明确、规范，直接影响着教学是否能按照正确的方向进行。

那么，与传统教学模式相比，翻转课堂教学模式下的教学目标是如何规划的呢？课前、课中、课后的教学目标又该如何进行具体设计呢？

一、 教学目标的翻转

翻转课堂教学是对传统教学的一种变革与创新。翻转课堂教学秉承"以学生为中心"的理念，实现课前、课中、课后课堂流程结构的再造。教师与学生角色的转变使其教学目标也随之发生了转变。在翻转课堂教学模式下，教学目标的翻转包括重心的翻转与顺序的翻转。

（一）教学目标重心翻转

传统讲授式的教学较为注重师生之间信息的传递，对于知识点的教学往往都局限于识记，并不能有效地促进学生对知识进行内化理解。翻转课堂的出现，打破传统课堂教学偏重知识识记的弊端，促使教育教学走向更深层次的发展。

与传统课堂教学不同的是，翻转课堂教学要求学生在课前阶段通过自主学习掌握相关知识点，即基本达到对知识的记忆与理解层次。在课中阶段，教师则侧重培养学生高阶思维和能力的发展。因此，课堂教学的重心由"识记"和"理解"的层面转向"运用""分析""评价"和"创造"的层面，从而形成与传统教学不一样的倒金字塔结构。

中学教师谢尔·赖特（Shelly Wright）受翻转学习的影响与启发，发布了布鲁姆教学目标3.0版，阐释说明教学目标由低级思维向高级思维过渡的过程当中，其教学重心也随之发生了相应的改变（如图4-1所示）。

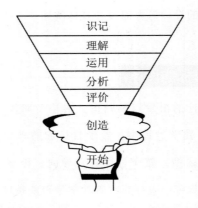

图 4-1　布鲁姆教学目标分类的翻转模式

(二)教学目标顺序翻转

在传统课堂教学中，教学目标的分类依据的是布鲁姆在认知领域中对教学目标的分类理论，它将教学目标依次划分为识记、理解、运用、分析、评价、创造六个层次，其顺序是由低级思维向高级思维的过渡。学生在课上完成对知识的识记、理解、运用，在课下实现对知识的分析、评价、创造。

在翻转课堂教学中，课前、课中、课后流程结构的颠倒促使教学目标顺序发生了翻转。如图 4-2 所示，在课下，学生通过自学完成知识的识记、理解、运用；在课上，学生实现对知识的分析、评价、创造等高阶思维的发展。

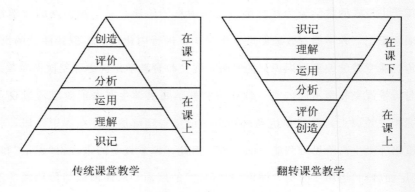

图 4-2　教学目标顺序翻转

翻转课堂教学目标顺序的翻转更加符合学生的认知规律。将低级的认知目标放在课前，由学生自己独立完成，高级的认知目标放在课中，由老师辅助完成，方便学生更好地发展创造性思维。

二、 课前、 课中、 课后的教学目标制定

翻转课堂的教学流程包括课前、课中、课后三个环节，由于每个环节开展的活动不同，其需要实现的教学目标也不相同。因此，将翻转课堂教学目标分为课前教学目标、课中教学目标和课后教学目标，再根据教学环节需求来制定与之相适应的教学目标。

首先，依据布鲁姆教学目标 3.0 版（布鲁姆教学目标倒金字塔）的分类方法，从认知学习领域来对教学目标进行分析。

课前环节，旨在让学生在认知领域达到对知识的识记、理解、运用的层次。因此，翻转课堂课前教学目标主要是完成对知识的识记、理解、运用。

课中环节，旨在通过开展探究学习、小组研讨等活动，实现对知识的分析、评价、创造。因此，翻转课堂课中教学目标主要是实现对知识的分析、评价、创造，促进高阶思维的发展。

课后环节，旨在通过开展拓展性学习活动，分层发展学生的创造性思维。因此，翻转课堂课后教学目标是促进高阶思维的继续发展。翻转课堂不仅能在认知学习领域将教学目标分为课前、课中、课后三个环节，在动作技能学习领域和情感学习领域亦是如此。在借鉴"基于布鲁姆教学目标分类的翻转前后模式对比图"①的基础上，将翻转课堂教学目标划分如表 4-1 所示。

表 4-1　翻转课堂教学目标

环节	动作技能学习领域 辛普森（Simpson，1972）	情感学习领域 克拉斯沃尔 （Krathwohl，1964）	认知学习领域 安德森（Anderson，2001）
课前	知觉	接受或注意	识记
	定势	反应	理解
	指导下的反应	评价	运用

———————

① 吴秉健：《基于布鲁姆教学目标分类的翻转学习模式研究》，载《中小学信息技术教育》，2013(3)。

续表

环节	动作技能学习领域 辛普森（Simpson，1972）	情感学习领域 克拉斯沃尔 （Krathwohl，1964）	认知学习领域 安德森（Anderson，2001）
课中	机制	组织	分析
	复杂的外显反应	价值与价值体系 的性格化	综合
	适应		评价
	创造		
课后	拓展思维和能力的培养		

在确定翻转课堂教学目标时，具体工作主要包括以下几点。

（一）确定三维目标

三维目标是新课程的基本理念，集中体现了素质教育在学科课程中培养的基本途径，集中体现了学生的和谐发展。

根据布鲁姆教学目标分类理论结合我国教育教学实际确立三维目标，即知识与技能、过程与方法、情感态度价值观。目标的设计可以与教学中的问题解决活动相联系。例如，在知识目标层次，说明期望学习者能够在问题解决的过程中综合使用哪些知识点或知识框架，或者发现哪些新知识；在能力目标层次，描述期望学习者通过问题解决发展哪些方面的能力；在态度体验目标层次，描述期望学习者通过问题解决的活动，在什么样的问题情境中获得怎样的态度情感体验。[①]

（二）融入学科核心素养

不同学科核心素养的目标也不同。例如，针对语文学科，实现语言建构与运用；针对数学学科，渗透培养学生逻辑推理能力；针对英语学科，训练学生语言能力等。在教学过程中关注学生的个人意识和个性发展的培养。

（三）促进学生全面发展

教学目标更应该关注学习者的发展，实现学生的全面培养。另外教学的重

---

① 武法提、李彤彤：《生成性目标导向的网络学习环境设计研究》，载《电化教育研究》，2014(3)。

难点要依据课标和教材及学生实际情况来确定。翻转课堂教学重难点不再单纯限于对知识的掌握，更应该关注教学过程中学生创新性思维和能力的培养，关注教学过程的生成性和教学的附加价值。

下面以 D 小学覃老师的语文课《雷锋叔叔，你在哪里》为例，分享本节课的教学目标。

➜ 案例分享

案例 4-1：《雷锋叔叔，你在哪里》教学目标

《雷锋叔叔，你在哪里》是人教版小学语文二年级下册第 5 课的课文，这篇课文是一首儿童诗，作者以优美的语言和流畅的音韵，传达本文的主旨：人们寻找雷锋、呼唤雷锋，其实就是寻找雷锋精神、呼唤我们都要向雷锋同志学习。

❖ 课前

知识与技能：识记生词的读音、意义；理解重难点句子。

过程与方法：通过专题网站解决学习问题，促进学生个性化地学习。

情感态度价值观：学生通过云平台获取并分享学习资源，进行自主学习，提升主动学习能力，增强分享意识。

❖ 课中

知识与技能：①在理解重难点句子的基础上，应用句式进行仿写。②以正确的笔画书写生字词。

过程与方法：①通过教学 PAD 进行小组学习，学生体验合作过程，提升合作能力。②通过参与小组讨论交流和汇报，提升表达能力与合作能力。

情感态度价值观：学生通过教学 PAD 进行个性化学习，形成自己的个性及特定的兴趣。

❖ 课后

情感态度价值观：学习文章后，理解雷锋精神，说出自己得到的启示，形成乐于助人的品质。

第二节 课前预学诊断的设计

翻转课堂的课前环节是学生完成知识传授的过程，它为翻转课堂后续翻转奠定了基础、提供了方向。

在课前预学环节，教师借助电子书包推送学习任务单、课前习题、微课等相关学习资源，帮助学生完成课前预学。在诊断评价环节，教师参考预学结果有效分析学生的学习缺陷，及时调整课堂进度安排。因此，本部分着重阐述前置预学的设计和诊断评价的设计两部分。

一、　前置预学的设计

在翻转课堂的前置预学活动中，教师向学生提供课前学习的学习支架，包括向学生推送课前自主学习任务单和课前微课等相关视频资源。教师利用电子书包把课前资源包推送到平台，学生有组织地完成课前预习，获得新知识。学生根据自己原有认知结构和学习风格安排自己的学习进度和学习时间。由于课前预习与课中学习内容联系密切，所以学生必须完成课前预习。因此，前置预学的设计主要包括学习任务单的设计和课前微课等视频资源的设计。

（一）学习任务单的设计

学习任务单是学习支架的主要形态，它是教师依据学情，为达成课前预习目标而设计的学习活动的载体，用于引导学生自主学习、帮助学生明晰路径、促进学生找出问题解决方案。因此，对学生来说，在前置预学环节，提供课前学习任务单是非常有必要的。

学习任务单的内容通常可分为学习指南、学习小测、学习收获和学习困惑四个部分，而学习指南又包括学习要求和学习任务两部分，其中学习任务是学习任务单的核心部分。学习小测，即依据课前教学目标来进行自我检测的模块，评价学生自学效果；学习收获，即用来分享学生在自学过程中的收获的模块；学习困惑，即用来记录学生在学习过程中遇到的问题和产生的困惑的模块。

基于学习任务单的定义和结构，来确定学习任务单的设计。学习任务单的设计不是漫无目的、没有根据的，首先要明确课前的教学目标是什么，其次依据教学目标来确定学习小测的内容。其设计思路如下。

1. 明晰翻转课堂课前教学目标

明晰翻转课堂课前教学目标十分重要。首先，教师需要明确课前学习的目的是让学生对知识的掌握达到识记、理解、应用的层次。其次，教师需要认真分析态度类和情感类的知识领域，设计出具体细致且可操作易测量的教学目标。最后，教师根据教学目标，设置教学任务，在此基础上完善"学习小测"模块。

2. 确定学习小测试题

学习小测试题能起到检测学生自学效果的作用。其选择要根据教学目标和教学任务来确定。从内容上来说，要包含课前预习的重要内容；从试题类型上来说，既要包括客观题也要包括主观题。通过学习小测部分，学生能清楚地了解自己的收获和学习困惑。

表 4-2 是 G 小学二年级蒋老师的数学课《角的初步认识》的课前学习任务单。

表 4-2　《角的初步认识》课前学习任务单

学习指南
1. 请同学们登录优课平台下载课前微课进行学习。 2. 学生根据微课认识人民币中的"角"。 3. 学完微课之后完成本学习单中的学习小测。 4. 如果你对本节课有什么困惑与收获，请记录下来在课中和大家交流分享。
学习小测
1. 角有（　）个顶点，有（　）条边。 2. 判断，下图是角吗？
学习收获
通过课前的学习你有什么收获？
学习困惑
你在学习的过程中遇到哪些困惑，请你记录下来。

(二)课前视频的设计

学生在课前通过观看视频来学习新课，因此课前视频设计对于前置预学环节是必不可少的。在设计课前视频时要注意以下几点。

1. 视频内容

课前视频内容要有针对性。课前视频应该与学习任务单相匹配，即主要包括本节重点知识、难点知识及易错点，所以要根据学习任务单当中的相关内容进行制作。此外，考虑到课前预学是由学生在课前独立完成的，视频内容的难度也应该酌情调整，不宜过难。

2. 视频形式

课前视频形式要丰富多样，尽量避免教师枯燥乏味的讲授，力图通过穿插测试题等多种形式来引发学生的思考，增加人机互动的频率。视频形式多样化、表现手段丰富，能有效吸引学生的注意力。

3. 视频时间

课前视频时间不宜过长。根据学生的学习特点和认知规律，中、小学生的注意力在 10 分钟以内是相对集中的。随着时间的推移，学生的注意力会逐渐下降。因此，视频时间尽量以 5~8 分钟为宜，最长不要超过 10 分钟。

二、 诊断评价的设计

翻转课堂的诊断评价是在课前实施完成的，是对学生所有前置性预学活动做出的评价。通过诊断评价，教师一方面可以了解到学生原有知识基础和课前知识准备情况，另一方面可以检测学生课前自主学习情况。基于诊断评价的结果，教师在了解学生的学习起点和学习风格的基础上开展课中教学活动的设计，能更有效引导学生完成课中知识内化。

(一)诊断评价的形式

诊断评价是对所有前置性活动做出的评价，因此，主要有学习任务单的评价、视频中的在线自测评价及课前测验的评价三种形式。

1. 学习任务单的评价形式

学习任务单在整个课前学习活动中起到的是支架的作用，所有教学活动几乎都要围绕学习任务单来开展，其在课前环节的重要性不言而喻。

在学习任务单的学习指南部分中，已经明确了学生课前学习的目标，因此，就需要依据课前教学目标对学习任务单的完成情况进行诊断性评价。其中，最主要的就是需要评价课前的学习任务是否完成、学习小测部分试题的正误率，以及学生对学习收获与学习困惑两部分的完成情况。

在评价学习任务单的过程中，教师通过对学习任务进行评价分析，能有效地了解到学生对课前知识的掌握程度；通过对学习小测部分的分析，教师能清楚地知道学生对哪一部分内容掌握得好、对哪一部分内容掌握得不好；通过对学习收获与学习困惑这两部分的评价，教师能准确地了解到学生对自己的评价。

2. 视频中的在线自测评价形式

学生的课前学习活动是独立完成的，教师无法确定学生是否观看过视频，以及观看视频后的效果如何。因此在视频当中穿插在线自测是检查学生有无观看视频，以及观看视频后学习效果如何的有效途径之一。

所以，课前诊断评价的内容也包括穿插在视频当中的在线自测。通过对在线自测的评价，教师能方便迅速地了解学生对于视频中哪一个知识点掌握不清晰，以便于在课中有针对性地组织学习活动。

3. 课前测验的评价形式

课前测验多借助电子书包平台，以电子试卷的形式推送给学生，测验题目既涉及与新知识相关的旧知识，又包括在课前预学活动中运用到的新知识。课前测验的题目分为两种类型，即客观题与主观题。

教师通过对课前测验中旧知识部分的反馈，能了解学生与新知识有关的原有经验基础；通过对课前测验中新知识部分的反馈，能了解学生对现有知识的学习情况，以方便教师在课中活动设计中建立起旧知识与新知识之间的联系。例如，在小学数学课《图形的拼组》中，教师采用推送课前测验的评价形式来诊断学生的课前学习情况(如图 4-3 所示)。

(二)诊断评价的方式

从课前诊断评价的形式中可以看出，诊断评价形式既包括可以量化的客观题也包括无法依靠电子书包量化的主观题，所以诊断评价的方式包括基于电子书包的量化评价和以教师为评价主体的质性评价。

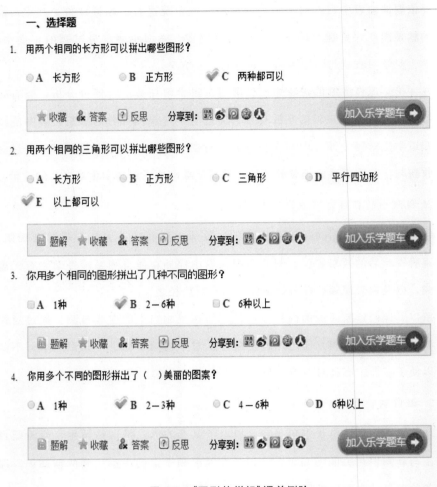

图 4-3 《图形的拼组》课前测验

1. 基于电子书包的量化评价

学生在课前的学习活动基本上依托于电子书包平台来完成。课前学习任务的完成、课前视频的观看及在线测试都是在电子书包平台上进行的，电子书包平台能对学生客观题答题数据进行收集并做出分析和处理，学生通过电子书包能得到及时有效的反馈，教师通过电子书包能得到某一道题全班学生的正确率和错误率，从而对学生的学习情况进行较为准确的量化评价。

2. 以教师为评价主体的质性评价

电子书包无法对课前活动中的主观题或者开放性任务进行数据的统计分析处理，因此，教师必须通过观察学生在课前学习任务单中的学习收获和学习困惑或者审阅课前测试当中的主观题来了解学生的学习情况。为了保证评价的有效性和客观性，此类评价的主体大多以教师为主。

第三节 课中针对性教学的设计

翻转课堂的课中环节是学生完成知识内化的环节，在课前环节学生已经基本完成对新知识的学习，因此课中活动设计应该要以明晰教学问题、有针对性地解决学习问题、发展学生高阶思维或问题解决能力为主要学习任务。课中活动遵循"预学反馈，明确问题"—"教师引导，互动探究"—"协作学习，解决问题"—"巩固深化，总结评价"的教学流程。

该部分旨在通过对课中学习环节的设计实现学生对知识的二次内化、对能力的有效提升，从而将新知识整合到原有认知结构中，真正形成自己的理解与思想。

一、 教学问题的分析

当代教学设计理论指出，教学设计应该认真研究学生的学习需求，要根据学生现有的实际水平和对事物的认知发展设计教学，使教学过程得到优化。由此可见，了解学生学习情况以分析教学问题对课中环节教学活动的设计有着举足轻重的作用，它是课中环节教学设计的第一步，也是关键一步，既是对课前预学诊断环节的分析归纳，也是开展课中针对性教学的前提和基础，为课中教学活动的设计环节确立了明确的方向。那么应该如何分析教学问题呢？

（一）预学反馈

"预学反馈"是对课前环节学生自主学习情况的系统反馈，其目的在于教师和学生通过梳理课前预习知识，获得课前学生学习情况的反馈，其意义在于促进教师有针对性地确定课中问题，方便调节课中教学节奏，明晰教学活动设计中的重难点和任务时间分配。

在课中，教师获得预学反馈的情况一般有以下两种方式，为了获得预学反馈的情况具有相对准确性，最好两种方式兼备。

1. 依托电子书包平台间接获得预学反馈情况

电子书包越来越成为翻转课堂教学中的常态化辅助工具。电子书包平台中嵌入的大数据技术可以使教师方便快捷地获取学生课前自主学习的反馈情况。教师利用"学习分析"技术和"数据建模"技术记录、统计、分析学习者课前的学习数据，了解学生在课前学习过程中存在的问题，有效获得学生课前学习情况的反馈。如图 4-4 所示，在小学数学课《图形的拼组》当中，教师在课中利用电子书包平台间接获得学生对课前学习任务单的完成情况，以此获得预学反馈。

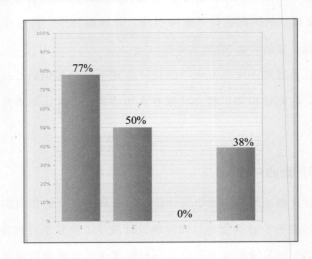

图 4-4　《图形的拼组》学习任务单完成情况反馈

2. 课中教师询问学生直接获得预学反馈情况

教师通过电子书包平台获得的数据虽然比较准确，但是课前预学是一项有学生参与的活动，我们必须考虑到在课前预学活动中学生主观情感因素的影响，因此通过教师询问学生的方式直接获得预学反馈情况也是极其有必要的。在教师带领学生梳理知识的过程中，教师可以通过直接询问的方式清楚地获得学生在课前预学过程中的感受及无法解决的问题。

(二)明确问题

"明确问题"是指在"预学反馈"的基础上分析归纳反馈情况，系统且有针对性地确定课中需要解决的问题。其目的在于让教师和学生都能清楚地了解面临的教学问题是什么，在接下来的教学活动设计中要以解决问题为导向。教师和学生都明晰努力的方向，指向性明确地完成任务。

1. 学生独立提出问题

每个学生根据自己在课前预学过程中的真实情况，反映自己在学习过程中遇到的问题。由于原有经验背景和认知基础不一样，每个学生提出的问题也不尽相同，因此，要想在课堂当中一一解决学生的问题对教师来说似乎是不可能的。教师可以考虑先让学生形成互助小组解决比较容易的问题，这样就减少了教师和学生的课堂压力。

2. 小组讨论解决部分问题

学生的认知结构和知识储备层次不一，依靠学生之间的交流合作可以解决一部分比较简单的问题，将小组成员都认为比较难以解决或者难以确定的遗留下来的问题，以小组为单位提出来。

3. 师生共同探讨确定最终问题

每个小组把组内最终的问题提出来，教师和学生对这些问题进行分析归类，结合翻转课堂课中教学目标的要求及教学重点、难点、易错点，最终师生共同确定问题。

下面以 S 小学吴老师的科学课《相貌各异的我们》为例，说明在课中环节，老师如何明晰本节课的教学问题。

➔ 案例分享

案例 4-2：《相貌各异的我们》教学问题的分析

《相貌各异的我们》是小学六年级科学课上册第四单元"生物多样性"第五课的内容。本节课是在本单元"认识生物多样性"的基础上，让学生通过探究人与人之间的不同，建立起"同一种生物，不同个体之间也是多样性的"的认识。

在课中，教师通过以下"预学诊断"的方式来明晰问题：

1. 依托电子书包平台间接获得预学反馈情况。教师登录教师平台观看学生在课前制作的关于"性状"的思维导图，大致诊断学生思维逻辑错误之处。

2. 课中教师询问学生直接获得预学反馈情况。教师将思维导图在全班展示，请同学观察思维导图并进行点评。在点评的过程中，教师了解到学生的迷惑之处，精准诊断出问题所在。

"预学诊断"完成之后，教师总结归纳出本节课教学问题如下：

1. 对于抽象概念"性状"的理解和描述都不够准确。

2. 对"相貌的特征"表述不够全面，而且对自己的相貌没有清晰的认识。

3. 对于"相貌具有唯一性"的特征持怀疑的态度。

二、 针对性教学的设计

针对性教学有两个层面的意思：一层是指根据确定下来的问题有针对性地组织教学活动；另一层是指根据学生共性和个性化的学习需求有选择性地组织教学活动，促进学生个性化发展。针对性教学的设计是指针对师生共同确定下来的问题进行教学设计，实现以学定教精准教学。针对性教学的设计是以解决师生共同确定的问题为导向，以促进学生个性化发展为要求，按照"教师引导，互动探究"—"协作学习，解决问题"—"巩固深化，总结评价"的思路来开展设计。

（一）教师引导，互动探究

教师引导是教师在教学活动中扮演"引路人"的角色，引导学生有针对性地解决课堂问题，促进师生之间、生生之间的互动探究。在这个过程中，学生是学习的主人，所有的教学活动设计都是秉承"以学生为中心"的教学理念开展的。

互动探究学习是以问题解决活动为主线，以师生互动、生生互动为探究方式，以促进问题解决、个人知识建构为目的的学习方式。其设计内容主要包括探究目标的确定、探究情境的设计、探究资源的提供、探究方式的选择。

1. 探究目标的确定

探究目标是指引探究学习活动的旗帜。探究目标将探究学习活动与其背后的领域（如基本原理、概念、方法等）联系起来，促使学习者进行聚焦性、反思性的探究。探究目标的设计根据课中已经明晰的问题有针对性地确定，此外还需结合具体学科内容，明确探究学习活动旨在达成知识与技能、过程与方法、情感态度价值观的三维目标。

2. 探究情境的设计

探究情境是探究学习活动的"帽子"。探究情境的设计既要有承载力又要有吸引力。承载力是指探究情境能蕴含或体现与所学领域相关的概念、理论和方法；吸引力是指对于问题背景信息的表现立体丰富。比如说，可以借助真实的案例、生动的视频等方式来说明问题的结构和探究任务的具体要求。

3. 探究资源的提供

探究资源围绕探究任务设计，以支撑学习者探究活动的开展。探究资源包括课程材料，相关数据库、案例库及学生作品等。在翻转课堂中，学生可以依托电子书包在网络支撑环境中获得网络学习资源，实现探究资源的有效共享。

4. 探究方式的选择

师生互动探究的方式有以下三种，在翻转课堂教学中，为了保证师生互动的有效发生，这三种方式往往交织在一起，缺一不可。

（1）双向型。

教师与学生之间双向交互，课堂信息在教师与学生之间实现互送、互收和互相反馈。其表现形式多为师问生答或者生问师答。

（2）多向型。

课堂信息获取的方式是多方面的，这种互动方式既包括师生之间双向的交流反馈，也包括学生之间信息的交流与反馈，其表现形式多为同桌讨论、小组合作和小组游戏等。

（3）网状型。

在网状型师生互动中，教师和学生形成一张密切联系的网络，每个学生、每个教师都是这张网上的一个节点。因此信息的来源及反馈都是多维度的，可谓"牵一发而动全身"。

这种师生之间网状的互动的辐射范围非常广泛，强调师生平等参与学习活动，信息全面开放，教师不再是唯一的学习源。这种互动符合西蒙斯提出的联通主义学习理论。

（二）协作学习，解决问题

协作学习，解决问题是学生之间通过开展协作学习活动解决课中问题的环节。在这个环节，教师根据学生的情况进行同质分组或异质分组。在小组协作讨论的过程中，教师要建立必要的监控机制，确保每个学生都能参与讨论，控制小组课堂讨论的节奏，及时完成任务。在确保共性问题得到解决的同时，教师能帮助个别学生解决个性问题，以有效促进学生的个性化学习。在这个部分中，对协作学习的设计要考虑协作学习机制的建立和协作学习策略的设计。

1. 协作学习机制的建立

在协作学习过程中，教师为了确保每位学生都能积极参与，可以运用组长责任制、组内相互监督、组员互评等手段，避免"搭便车"现象的发生。同时，教师可以通过随机抽取组内成员提问的方式来检查小组学习的效果。为了消除小组内部的"短板"，建议采用"以小组成员最低成绩作为小组最终成绩"的方式，以有效减少"搭便车"现象的出现。

2. 协作学习策略的设计

为了使协作学习机制能有效发挥作用，创设一个有效协作学习条件，协作学习策略的设计应该考虑以下三方面。

(1)协作学习任务。

在目标明确的基础上，协作学习任务的难度要控制在一个人难以完成，必须由小组几个人共同完成的程度上；任务可以分成几个小任务，在保持彼此独立的同时，又要使得群体成员之间能相互联系。

(2)协作小组组织。

协作小组是异质分组还是同质分组要依据任务的性质来确定，没有绝对的异质分组，也没有绝对的同质分组，依据的属性不同，结果也会不同。根据翻转课堂中探究学习任务的具体要求，小组人数控制在3～7人为宜。另外，为了凝聚学习共同体的力量，最好每一个小组都有组内标识。

(3)协作学习工具。

对话是协作小组学习的重要途径，小组之间的对话能通过引起认知冲突来促进问题的解决、知识的内化。为了有效实现小组内的对话，可以依托电子书包提供的同步工具，如 QQ 群等。

(三)巩固深化，总结评价

巩固深化，总结评价是在问题解决的基础上有效梳理知识脉络的环节，教师与学生之间或者学生与学生之间通过情感的交流、思维的碰撞、相互评价等方式，使学生的知识和能力都得到再一次提升。本部分的设计重在阐述课中巩固深化的方式和总结评价的设计。

1. 巩固深化的方式

（1）组间交流共享。

在"协作学习，解决问题"的环节当中，往往是学生小组内的交流分享，通过小组与小组之间的思维碰撞，学生对知识内化吸收的作用会更好，而且在这个过程中学生的交流与表达能力和合作学习态度都会有显著的提高。例如在语文或英语等重语言表达的学科中，学生通过小组之间的交流共享更能有效提高语言表达能力。

（2）习题针对性推送。

借助电子书包中的错题本功能，有针对性地推送习题，实现精准教学。另外，每个学生的错题本内容不同，推送的习题也不同，能促进学生的个性化学习。例如，数学课和物理课思维性比较强，教师往往通过有针对性地推送习题来达到巩固深化的效果。

2. 总结评价的设计

总结评价是课中的结尾环节，其教学设计一般是：学生自己对本节课所学知识先进行总结概括，而后以生生评价、师生评价结束本节课的学习。因翻转课堂更加关注学生主体性的发挥，还可以按照以下方式进行设计。

（1）巧设问题，引发思考。

总结评价是课中环节的结束部分，也是课后环节的起始部分。教师设置趣味性的问题，激发学生课后继续学习新知识的强烈欲望，留下"欲知后事如何，且看下回分解"的学习期待，鼓励学生通过主动总结归纳知识，以此来解决疑惑。

（2）存疑探究，依究促智。

课堂上探究学习的时间是有限的，翻转课堂"以学生为中心"的教学理念旨在培养学生全面发展，既包括知识的学习，也包括能力的提升及情感意识的培养。因此，教师在课堂结尾部分抛出一些与课堂相关的问题，让学生思考探究，通过这样的方式使得学生发展自主学习的能力，促进自身的全面发展。

在"教学问题的分析"部分，我们已经明晰了教学问题，那接下来在课中应该如何开展针对性教学的设计呢？下面以 S 小学吴老师的科学课《相貌各异的我们》为例，详细分析在教学问题的导向下教师如何开展针对性教学。

在课中"教学问题的分析"环节的设计上，教师通过观察、点评学生的思维导图明晰在课中学生需要解决的问题，明确"性状概念"。在课中"针对性教学"的设计上遵循"教师引导，互动探究"—"协作学习，解决问题"—"巩固深化，总结评价"的设计思路，其案例分享如下。

→ **案例分享**

案例 4-3：《相貌各异的我们》课中针对性教学的设计

在前边教学问题的分析中已明确本节课教学问题如下：

1. 对于抽象概念"性状"的理解和描述都不够准确。

2. 对"相貌的特征"表述不够全面，而且对自己的相貌没有清晰的认识。

3. 对于"相貌具有唯一性"的特征持怀疑的态度。

在此基础上，本节课按照"教师引导，互动探究"—"协作学习，解决问题"—"巩固深化，总结评价"的思路来开展针对性教学的设计。

❖ 教师引导，互动探究

1. 引导学生观察课前制作的关于"性状"的思维导图。

2. 组织学生相互点评，引导学生自主发现思维导图逻辑错误之处，主动建构对于"性状"的认知。

3. 鼓励学生积极表达对抽象概念"性状"的理解，以此加深学生对"性状"格式的深度理解。

此环节的设计旨在通过"教师引导，互动探究"的方式针对性解决"问题 1"（对于抽象概念"性状"的理解和描述都不够准确）。

❖ 协作学习，解决问题

1. 组内协作学习。学生用平板电脑自拍观察自己相貌，组内成员互相介绍自己的相貌特征，完成《相貌性状调查 1》。

2. 组际协作学习。各小组分别选择在场的一位老师进行相貌性状调查并完成《相貌性状调查 1》，根据出示的数据得出结论。

3. 组间交流分享。各小组互相展示并点评学生的《相貌性状调查 1》。

此环节的设计旨在通过"协作学习，解决问题"的方式针对性解决"问题 2"（对"相貌的特征"表述不够全面，而且对自己的相貌没有清晰的认识），以此达到"了解相貌特征"的目的。

❖ 巩固深化，总结评价

1. 开展探究活动：我们的相貌是唯一的吗？

2. 引导探究过程。选择在场的一位老师完成《相貌性状调查 2》，根据数据得出结论。

3. 凝练探究结论。展示平台实时生成的数据，得出探究结论：我们的相貌是唯一的。

4. 依据 PMIQ 表进行评价，总结回顾本节课内容。

此环节的设计旨在通过"巩固深化，总结评价"的方式针对性解决"问题 3"（对于"相貌具有唯一性"的特征持怀疑的态度），以此达到"深入探究，理解相貌唯一性"的目的。

第四节　课后拓展性教学的设计

翻转课堂的课后环节是教师依托电子书包平台为学生提供拓展资源、知识管理工具和评价反思工具来促进学生拓展学习的过程。在课后，学生对自身学习情况进行反思，进一步深化知识理解与建构，并利用在线课程资源进行拓展学习，实现知识迁移。[①] 课后拓展包括总结反思和拓展提升两个环节，所以本部分的教学设计着重阐述总结反思的设计和拓展提升的设计。

一、 总结反思的设计

总结反思是指学生对课中环节的回顾与反思，其目的在于梳理新知识，促进知识同化和吸收。课后总结反思的方式包括绘制思维导图、完成课后习题检

---

① 谢幼如、倪妙珊、柏晶、张惠颜：《融合翻转课堂与 MOOCs 的高校 MF 教学模式》，载《中国电化教育》，2015(10)。

测及进行在线交流反馈。

(一)绘制思维导图

思维导图用于学科教学，能有效帮助学生梳理知识脉络、拓展发散性思维，对于课后总结反思环节是有积极影响的。绘制思维导图的过程就是学生总结反思的过程，在一遍遍检查思维导图是否有遗漏要补充时，实质就是在完成知识的内化过程。另外，需要关注的是，学生在绘制思维导图时要注意重点突出、色彩搭配。

(二)完成课后习题检测

完成课后习题检测是对课中学习效果最直观的反馈。教师在设计课后习题时要做到习题内容全面，尽可能包含课中学习内容；题型搭配要合适，符合学生认知发展水平和注意力分配规律；难度搭配要适宜，要有区分度。

(三)进行在线交流反馈

学习成效金字塔用数字形式表明：采用不同的学习方法，学习者两周后还能记住多少(平均学习保持率)。如图 4-5 所示，"小组讨论"和"教授他人"都属于主动学习，其内容的留存率较高。学生在线交流及互动反馈都属于学习成效金字塔中的"小组讨论"和"教授他人"的层次。及时在线的交流反馈在总结反思的基础上使尽可能多的内容留存在记忆中，这对于课后环节来说是一件有意义的事情。

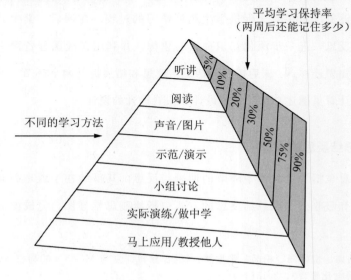

图 4-5　学习成效金字塔

二、 拓展提升的设计

拓展提升是教师根据课中内容，以课后目标为导向，依托学习平台推送微课、习题等相关拓展资源，分层设置拓展任务的环节。其目的在于让学生依据自己的学习情况分层选择拓展任务，个性化发展能力。因此本部分着重阐述分层拓展的设计。

（一）拓展资源的设计

拓展资源的设计有两个目的，其一是有针对性地为学困生解决课堂中未解决的问题，其二是培养学生的兴趣点，因此其内容如下。

1. 根据学生的薄弱点推送拓展资源

学生的薄弱点一般为教学的重难点和易错点，教师根据学习平台中的数据统计功能正确分析学生的薄弱点所在，以微课的形式推送相关资源。

2. 根据学生的兴趣点推送拓展资源

每个人的兴趣不同，教师应尽量考虑大部分学生的兴趣点，推送学生感兴趣的资源。资源的形式可以是多样的，比如说文本、视频、游戏等。

（二）拓展问题的设计

1. 分量适宜

拓展问题的设计要做到量少而精，要考虑到学生课后剩余时间，不要问题太多引起学生的反感，也不要问题太少对学生来说没什么挑战性。一般情况下，课外拓展花费的时间以 25 分钟为宜。另外，需要考虑在课上吃不饱的学生，拓展作业才是他们的主战场，而在课上吃不了的学生，拓展作业不宜过多。综合这两个因素进行衡量，确定拓展问题的量。

2. 难易适度

放低门槛，让所有学生完成拓展作业成为可能。拓展问题的目的在于培养学生的学习兴趣，可以通过在问题中设置学习支架来减小难度。拓展问题一方面是对所学内容的巩固和吸收，另一方面是对所学内容的拓展和提升。可借鉴试卷难度计算公式来衡量拓展问题的难易程度。客观性试题难度 P（这时也称通过率)计算公式：P＝k/N(k 为答对该题的人数，N 为参加测验的总人数)。主观性试题难度 P 计算公式：P＝X/M(X 为试题平均得分，M 为试题满分)。总难度在 0.4～0.6 为宜。[①]

在"课前、课中、课后的教学目标制定"部分已经详细介绍过《雷锋叔叔，你在哪里》的教学目标，下面继续以 D 小学覃老师的语文课《雷锋叔叔，你在哪里》为例，分享本节课的课后拓展性教学。

➜ 案例分享

案例 4-4：《雷锋叔叔，你在哪里》课后拓展性教学

课后拓展性教学设计要依据课后教学目标来制定。在"课前、课中、课后的教学目标制定"部分已经分析过本节课的课后教学目标为：理解雷锋精神，说出自己得到的启示，形成乐于助人的品质。基于此，课后拓展性教学设计如表 4-3 所示。

表 4-3　《雷锋叔叔，你在哪里》课后拓展提升

• 作品修改
请继续在主题讨论中完成"身边的雷锋"的诗歌创作上传，然后浏览同学的作品，进行点赞和回帖。看看谁的作品最能受到大家的认可。
• 句子理解
"哪里需要献出爱心，雷锋叔叔就出现在哪里"这句话的意思是：
• 填空
1.《雷锋叔叔，你在哪里》这首诗赞美了雷锋叔叔时时、处处为人民服务，为人民做了许多好事，当时流传着这样一句话："＿＿＿＿。"雷锋叔叔牺牲后，毛主席为他题词："＿＿＿＿。" 　　2. 沿着＿＿＿＿的小路、＿＿＿＿的小溪，乘着＿＿＿＿的春风，我们四处＿＿＿＿雷锋的足迹。雷锋叔叔冒着＿＿＿＿的细雨，抱着＿＿＿＿的孩子；＿＿＿＿路上的荆棘，背着＿＿＿＿的大娘。总之，哪里需要献出爱心，雷锋叔叔就出现在哪里。
• 主题交流
请向雷锋叔叔学习，做一件力所能及的好事。回来后和家长或者同学交流一下。请把口语交际的过程进行录音，再上传到相关的主题研讨。

---

① 文海英、陈友明、宋秋艳：《试卷难度评估体系与控制模型》，载《现代计算机》，2005(7)。

其教学设计通过"作品修改""课后小测""主题交流"三种方式来让学生总结反思，旨在让学生深层次理解雷锋精神，促进"乐于助人"情感的生成。

第五节　教学评价的设计

翻转课堂的教学评价环节是指在教学过程中收集一定的信息，并依据一定的标准对教学目标的实现程度进行评价的活动。教学评价对教学活动具有能动的反映性，它可以作为教学活动改进的依据。斯塔夫尔比姆曾对评价的目的作过精彩的阐述："评价最重要的意图不是为了证明而是为了诊断和改进。"翻转课堂教学模式课前、课中、课后的教学目标不同，其教学评价也要分阶段设计。因此，本部分着重阐述在翻转课堂中应用到的教学评价方法是什么，在课前、课中、课后环节如何去设计教学评价。

一、教学评价的主要方法

电子书包作为一种教育应用手段和信息科技高度融合的产物，具有庞大的教学资源、科学的平台建构，其在教学中的应用已经非常广泛。电子书包在翻转课堂中的应用对教学过程和教学评价都有巨大的影响。其中，翻转课堂在依托电子书包进行教学评价方面主要有基于在线测试的即时性评价、基于统计分析的个性化评价、基于互动讨论的多元化评价及基于学习空间的发展性评价。

（一）基于在线测试的即时性评价

基于在线测试的即时性评价是指依托电子书包推送资源和相关习题，学生在电子书包平台上完成测试的同时，电子书包的数据评析系统和作业系统能够给学生及时的反馈评价。翻转课堂在课前环节的诊断性测试、课中环节的巩固测试、课后环节的拓展测试都要依托电子书包的在线评价功能来完成，它贯穿于翻转课堂教学过程的始终。

翻转课堂中依托电子书包的在线评价给予及时的反馈，通过评价结果学生能自主地调控学习进度，教师能有效地引导学习活动。在这个过程中，学生能获得积极的情感体验，不断激发思维的火花。

（二）基于统计分析的个性化评价

基于统计分析的个性化评价是指电子书包的数据评析系统能记录学生在电子书包平台上学习的数据，并利用数据挖掘技术、数据分析技术及数据建模技术对学生的学习特征进行分析，针对每个学生的特征做出个性化的评价。电子书包支持的基于统计分析的个性化评价除了能依靠数据进行精准的评价之外，其优点还在于能发现和尊重学生之间的差异性，采用适合学习者自身特点的评价方式，从而最大限度地促进学生的个性化发展，使学生通过评价反馈找到适合自己的学习行为路径。

基于统计分析的个性化评价在翻转课堂的协作学习环节当中能对每个学生做出过程性评价，区别于传统课堂当中单纯依靠课后总结性评价来评定学生的课中学习效果。另外，利用基于统计分析的个性化评价，在课后分层拓展提升环节，教师可以有针对性地推送拓展资源、设置拓展性任务。

（三）基于互动讨论的多元化评价

基于互动讨论的多元化评价是指学生依托电子书包平台进行互动讨论，其评价的内容、评价的方法、评价的主体更加多元化。多元化评价观在霍华德·加德纳的多元智能理论上发展起来，改变以往传统评价的局限性，从多元化的角度建立评价方式。在翻转课堂中，基于互动讨论的多元化评价的最终目的是促进每一个学生的学习和发展，对有差异的学生根据评价实行有差异的教育，促进学生有差异地发展。

（四）基于学习空间的发展性评价

基于学习空间的发展性评价是指电子书包中的学习空间系统记录学生在课前、课中、课后的数据，教师和学生在得到反馈结果之后对双方的教育活动进行价值判断，实现评价者和评价对象共同商定发展目标的过程，旨在促进被评价者不断地发展。因此，翻转课堂中发展性评价更加关注学生在课前、课中、课后的发展过程，重视过程性评价，在评价的过程中提出针对性的改进建议以促进学生个性化的发展。

基于学习空间的发展性评价的特点具有明确的阶段性，因在课前、课中、课后制定的目标不同，其评价实施也不同。这个评价过程是为了更好地促进评价目标的完成，而不是单纯为了评比，其实质是一种过程性评价。利用学习空间进行评价，其评价内容不再单纯局限于分数的统计分析，而是更加多元化，以师生评价、生生评价、利用档案袋评价等多种方式评价学生的学习过程。

二、 课前教学评价的设计

翻转课堂课前评价方式主要是以诊断性评价为主，其目的一方面在于掌握学生的起点水平和学习风格，判断他们是否具备实现当前教学目标所要求的条件，为实现因材施教提供依据；另一方面在于了解学生的课前学习效果，判断他们是否完成课前教学目标。课前诊断性评价主要包括学习任务单、穿插在课前视频中的测试及课前检测题三种形式。那课前诊断性评价是如何设计的呢？

下面以S中学范老师的数学课《二元一次方程与一次函数》为例，详细分析本节课的课前诊断性评价是如何设计的。

→ 案例分享

案例4-5：《二元一次方程与一次函数》课前教学评价的设计

《二元一次方程与一次函数》是初中数学八年级上册第七章第六节第一课时的内容，是"用函数观点看方程（组）"的第一节课。这部分内容是在学生认识了一次函数、一元一次方程、二元一次方程（组）的基础上进行教学的，主要任务是在探究的过程中渗透数形结合的思想和函数思想。

课前诊断性评价的设计要以课前教学目标为导向。具体的设计步骤如下。

❖ 明晰课前教学目标

1. 知道二元一次方程（组）与一次函数的表达形式。

2. 理解二元一次方程（组）与一次函数的关系。

3. 简单应用二元一次方程与一次函数解决数学问题。

❖ 确定诊断性评价目标

1. 了解学生对于学习"二元一次方程（组）与一次函数"的前期知识储备程度，以此来判断他们是否具备实现当前教学目标所要求的条件。

2. 诊断学生在学习"二元一次方程（组）与一次函数"时出现的问题和困惑点。

❖ 选择诊断性评价方式

利用学习任务单、课前检测题评价学生在课前学习的效果。

三、 课中教学评价的设计

翻转课堂课中评价方式主要是以过程性评价为主。因翻转课堂课中教学目标是以促进学生能力发展和高阶思维的培养为主要任务，而且多以探究、协作等方式来解决问题，所以过程性评价的方式主要以促进学生个性发展的个性化评价和重视学习过程的发展性评价为主。课中教学评价的目的一方面在于鉴定课中学习目标的达成度，另一方面在于促进学生的个性发展。那课中过程性评价是如何设计的呢？

下面以 S 中学范老师的数学课《二元一次方程与一次函数》为例，详细分析本节课的课中过程性评价是如何设计的。

➔ 案例分享

案例 4-6：《二元一次方程与一次函数》课中教学评价的设计

课中过程性评价的设计要以课中教学目标为导向。具体的设计步骤如下：

❖ 明晰课中教学目标

◆ 知识与技能

1. 能应用函数图像写出二元一次方程组的解。

2. 能通过解方程组分析出直线交点的坐标。

◆ 过程与方法

1. 通过一次函数与二元一次方程（组）关系的探索，学会用函数的观点去认识问题。

2. 在课中探究过程中，体会数形转化、数形结合、特殊与一般的思想方法。

◆ 情感态度价值观

1. 通过课中探究活动，养成严谨的学习态度。

2. 通过师生、生生交流与小组活动，感受学习的乐趣，体验数学的价值和魅力。

❖ 确定课中教学评价目标

1. 学生对自己的难点和疑惑点形成正确的认知，以此进行个性化的学习。

2. 检测学生对课中教学目标的达成度。

❖ 选择课中教学评价方式

1. 形成性评价，即时诊断。利用电子书包平台发布基础训练题，对课前预习效果不理想或者提交速度比较慢的同学进行抽查，以便及时诊断课中教学目标是否完成。

2. 个性化评价，分层提升。发布两组难度不同的提高训练题，学生依托电子书包给出的评价反馈选择相应难度的试题，分层提升能力。

四、 课后教学评价的设计

翻转课堂课后评价方式主要是以多元化评价为主，体现在评价主体多元化、评价方式多元化和评价内容多元化。课后多元化评价的目的一方面是促进学生对课中知识的总结和反思，另一方面是根据学生分层状况有针对性地发展学生拓展思维的能力。那课后多元化评价是如何设计的呢？

下面以 S 中学范老师的数学课《二元一次方程与一次函数》为例，详细分析本节课的课后多元化评价是如何设计的。

➔ 案例分享

案例 4-7：《二元一次方程与一次函数》课后教学评价的设计

课后多元化评价的设计要以课后教学目标为导向。具体的设计步骤如下：

❖ 明晰课后教学目标

情感态度价值观：应用数学逻辑思维，综合处理日常生活中的问题。

❖ 确定课后教学评价目标

1. 通过对课中知识的总结和反思，清晰知道自己的学习程度。

2. 教师依据学生分层状况，有针对性地推送拓展提升作业。

❖ 选择课后教学评价方式

1. 系统对学生的在线检测题进行评分和统计，供教师了解学生学习情况。

2. 教师对学生讨论题的作答进行评价。

3. 学生之间就讨论题的作答进行互相评价。

在翻转课堂课后环节，其教学目标是通过分层推送拓展资源提升学生知识迁移能力，不仅能用方程的思想解决水箱变高的问题，而且能实现方法的迁移，将方法应用到其他实际问题解决中。因此，该节课课后评价目标是检测学生迁移能力和数学逻辑思维能力的提升情况。因评价的内容不只存在于认知维度，还存在于能力维度与情感维度，所以采用了多元化评价的方式。评价方式除了师生评价，还有生生评价等多种。

对翻转课堂课前、课中、课后评价的设计的基本思路是：根据课前、课中、课后教学目标依次确定各环节的教学评价目标，分析相应评价内容，从而确定评价方式，形成系统的评价体系。

通过上述的教学设计活动，便可设计出翻转课堂的教学方案，并以表格的形式呈现，如附件所示。

附件

翻转课堂教学设计方案

学校名称		执教教师	
课程内容		课程学时	
所属学科		教学对象	
一、学情分析			
二、教学目标(分别从知识与技能、过程与方法、情感态度价值观三个维度进行描述)			
1. 课前 2. 课中 3. 课后			
三、教学重难点			
1. 教学重点 2. 教学难点			

续表

四、教学媒体使用(可直接在所选用的教学媒体后面打"√")
平台:云平台 课程网站 个人学习空间 资源:微课 动画 多媒体 课件 工具:电子书包 3D打印机 几何画板 其他:_____

五、教学过程

学习环节	学生活动	教师活动	媒体资源的应用
课前(预学诊断)			
明确目标 设计问题			
提供资源 传授知识			
诊断学情 以学定教			
课中(针对性教学)			
预学反馈 明确问题			
教师引导 互动探究			
协作学习 解决问题			
巩固深化 总结评价			
课后(拓展性教学)			
总结反思 拓展提升			

六、教学评价
1.确定教学评价目标(课前、课中、课后) 2.选择教学评价方法

【参考资源】

参考资源一：《雷锋叔叔，你在哪里》教学设计方案

　　扫一扫，认真学习《雷锋叔叔，你在哪里》教学设计方案，深入学习翻转课堂的教学设计。

参考资源二：《相貌各异的我们》教学设计方案

　　扫一扫，认真学习《相貌各异的我们》教学设计方案，深入学习翻转课堂的教学设计。

参考资源三：《二元一次方程与一次函数》教学设计方案

　　扫一扫，认真学习教学设计方案《二元一次方程与一次函数》，深入学习翻转课堂的教学设计。

第五章
翻转课堂的教学模式

➜ **内容结构**

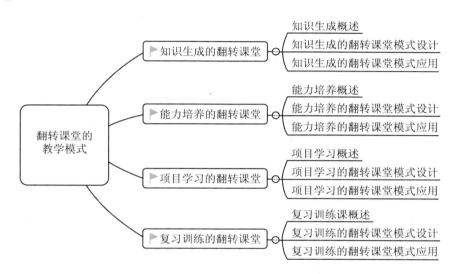

《教育部2018年工作要点》中明确提出"着力提升质量，扎实推进教育内涵式发展"，并将"深入推进教育信息化，深化基础教育课程改革"作为工作要点之一。作为教育信息化时代最为典型的课堂模式之一，翻转课堂也需要与时俱进。为了让更多的教师掌握翻转课堂教学的精髓，更好地融入日常教学，有关学者与教师纷纷对其展开实践研究并总结提炼，形成了多种翻转课堂教学模式。本章我们将分别介绍知识生成、能力培养、项目学习、复习训练四种翻转课堂教学模式的内涵、设计与应用。

第一节　知识生成的翻转课堂

教育信息化的发展不断推动着教育变革，基础教育的内涵和方式也随之改变，传统的预设性教学已遭遇瓶颈，"生成"理念应运而生。知识生成的翻转课堂将生成性教学理念与翻转课堂教学理念有效结合，为课堂教学注入了新的生机与活力。

实践证明，知识生成的翻转课堂能有效激发学生学习兴趣、满足学生个性化学习方式、提升学生学习质量、促进学生生成能力，为学科教学提供了有力支撑。

一、 知识生成概述

（一）知识生成的内涵

知识来源于人们的日常生活中，并与人们的生产、生活密切相关。知识具有经验性、技术性、实用性，而其目的和价值就是为了满足当时人们最朴素的生活和生产的需要。[①] 在《教育大辞典》中，知识被解释为人对事物的属性与联系的认识，即个体通过与其环境相互作用后获得的信息及其组织。

长期以来，传统教育对知识的理解普遍受西方知识论束缚，强调知识本身的基础与构成，导致教学中的知识多被看作脱离学生个体的、客观的社会存在，这一观点长期影响着教育者对知识的认知。可见，过去的"构成论"观点已不再适用于当代教育。在这一背景下，"生成"逐步取代"预设"，成为新时代关注与研究的热点。

知识并非一成不变，而是动态的、在不断生成的。知识生成这一概念的提出源于"生成主义知识观"，该观念强调知识的生成是一个日益增长的信念，即认知不是一个既定的心智对既定的世界的表征，而是在特定的情境下主体创造的过程、动作及产物。

随后，越来越多的学者开始对知识生成进行研究。金吾伦认为，知识的生成可以等价地理解为知识的创造与建构。[②] 钟启泉将知识创生定义为一种知识的分享和互动，是学习者不断地超越自我的世界，追寻"真、善、美"的过程。[③] 知识管理之父野中郁次郎提出知识创生螺旋理论，其中将知识生成理解为人类隐

[①] 林慧岳、孙广华：《后学院科学时代：知识活动的实现方式及规范体系》，载《自然辩证法研究》，2005(3)。

[②] 金吾伦：《知识生成论》，载《中国社会科学院研究生院学报》，2003(2)。

[③] 钟启泉：《从 SECI 理论看教师专业发展的特质》，载《全球教育展望》，2008(2)。

性知识与显性知识之间的社会化相互转换的循环过程。[①]

(二)知识生成的机制

生成学习理论最基本的观点是学习发生于学习者对新信息进行适当认知加工的过程。关于生成学习的机制，洛根·费奥雷拉等人提出了生成学习 SOI 模型（如图 5-1 所示）。[②]

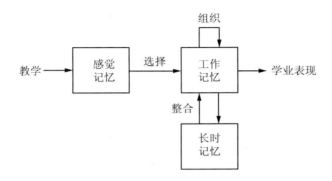

图 5-1　生成学习 SOI 模型

该模型主要涵盖了三个基本加工过程：选择（S）、组织（O）、整合（I）。选择，即关注相关的材料；组织，即对所选择的材料形成连贯的心理表征；整合，即对所组织的材料与长时记忆中激活的已有知识进行整合。

如图所示，从"教学"到"感觉记忆"这一过程中，外部教学信息通过眼睛、耳朵(或其他感官)进入认知系统，并在短时间内形成感觉记忆。如果此时学习者注意到了这些转瞬即逝的信息，那么这部分信息就会生成为工作记忆，进行深度加工。随后，学习者可以将选择的信息形成连贯的心理表征，将其与长时记忆中激活的已存在的现有知识进行关联，并在工作记忆中重新整合。此外，在工作记忆中整合得到的知识不仅能被存贮到长时记忆中以备使用，还能被用来解决在外部世界中所遇到的问题。

生成学习 SOI 模型形象地体现了知识生成的过程。因此，教师在教学过程

---

① ［日］竹内弘高、野中郁次郎：《知识创造的螺旋：知识管理理论与案例研究》，北京，知识产权出版社，2012。

② ［美］洛根·费奥雷拉、理查德·E. 梅耶：《学习是一种生成活动》，陆琦、盛群力编译，载《数字教育》，2016(2)。

中不仅需要呈现相应的教学材料，还需要确认学生在学习中是否进行了信息加工与知识生成。同时，学习者也并非机械地记忆教师所呈现的材料信息，而是在学习过程中不断选择、组织与整合，形成新的认知。

二、 知识生成的翻转课堂模式设计

(一)明确理念

教学理念是从先进的教学理论中演绎出来的有关教学活动的理性认识，是"教学应该怎样及为什么需要如此"的理想化认识，反映着人们对教学实践的价值期待和理想追求。生成教学理念是指教学在弹性预设的基础上，师生充分交互，不断调整教学活动和行为，共同建构并形成新的信息、资源的动态过程，以实现教学目标和创生附加价值。生成教学理念下的课堂不应当是一个封闭系统，也不应当拘泥于预先设定的固定不变的程序，而应该是预设的目标在实施过程中需要开放地纳入直接经验、弹性灵活的成分与经验，并需要鼓励师生互动中的即兴创造，超越目标预定的要求。翻转课堂教学理念颠倒课堂结构，使得知识学习发生在课外、知识内化发生在课堂。知识生成的翻转课堂有效地生成教学理念，实现课前个性预学、课中知识内化生成、课后拓展提升。知识生成的翻转课堂以生成教学理念与翻转课堂教学理念为指导，将生成教学理念与翻转课堂教学理念有机融合在课堂教学中，开展教学实践，从而有效促进知识的生成。

(二)构建模式

翻转课堂颠倒了传统课堂中知识传授和知识内化的流程。在翻转课堂中，课堂时间主要用于师生交流互动，提供个性化的指导，解决学生学习中的疑难问题，以实现知识的内化吸收。将生成教学理念融入翻转课堂时，需要根据学科特点、教学需求等构建相应的课堂模式。这里，我们以语文阅读课程为例，详细解读知识生成的翻转课堂模式。

基于语文阅读的知识生成翻转课堂模式科学合理地将生成教学理念与翻转课堂教学理念运用到课堂教学实践中，它主要由课前、课中、课后三大环节组成，具体如图 5-2 所示。

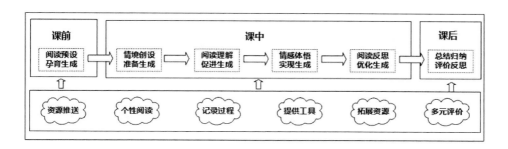

图 5-2 知识生成的翻转课堂模式

1. 课前

阅读预设，孕育生成。课前，教师依据教学目标将图、文、声、像等相关学习资源推送至学生端；学生利用资源开展自主预习，整体感知阅读内容，为课中拓展阅读做好准备。同时，教师能够根据学生端反馈的学习情况做出适应性改变，灵活调整教学，为课中教学做好准备。

2. 课中

（1）情境创设，准备生成。教师根据教学目标，创设出符合课堂教学内容并能够支持学习者产生一定情感反应的情境。通过情境的创设，使学生快速融入课堂情境中，为知识生成创造环境与条件。情境的创设可以通过视频、音频、图片等形式，也可以选择现实生活中具体的问题。

（2）阅读理解，促进生成。在这一环节中，学生开展了个性阅读，完成阅读检测练习。学习平台能记录并分析学生阅读检测情况，帮助教师引导学生开展深入阅读，提供个性化指导，从而有效促进知识生成。

（3）情感体悟，实现生成。学生在阅读内容、理解文本深意之后，达到情感共鸣的状态，由此进行文学创作，创作个人优秀作品，从而超越预设的教学目标和内容，深化课堂教学的生成。在这一环节中，师生之间应进行交流协作、展示汇报，教师引导学生相互争鸣、合作交流、阅读分享等，以实现知识的动态生成。

（4）阅读反思，优化生成。在这一环节中，教师需要及时给予学生反馈，对学生的课堂表现进行评价。学生则根据教师的反馈进行自我反思，归纳现有不足，以优化生成。

3．课后

总结归纳，评价反思。课后，学生需要对阅读过程中的表现进行反思总结，或对阅读过程中创作的作品进行修改、优化、完善。此外，学生可通过平台工具进行交流，碰撞思想火花，以创生出新的知识与附加价值。

(三)环境支持

实现知识生成的翻转课堂需要相应的环境支持。以电子书包为代表的智慧课堂环境能够为翻转课堂提供多样的技术支持。

1．资源推送

在智慧学习环境中，电子书包能够为课堂教学提供大量的资源与素材。课前，教师依据教学目标将相应的学习资源推送到电子书包，学生展开自主预习，对课文内容进行整体感知。课中，教师根据学生的个性化需求向其提供个性化学习资源，帮助学生快速突破重难点。课后，教师可通过电子书包向学生推送拓展资源，帮助学生进行知识巩固，生成新知。

2．个性阅读

电子书包支持的智慧学习环境能够帮助学生实现个性化阅读，并通过云服务功能同步阅读检测数据。教师根据即时检测结果开展评价，并根据不同学生的情况提供不同的支持帮助，从而促进知识的生成。

3．记录过程

电子书包支持的智慧学习环境能对所有在线学生的阅读检测或习题等进行自动记录与分析，同时通过可视化的方式呈现给教师与学生，为教师引导学生如何深入阅读、采用何种阅读方法提供重要数据参考。

4．提供工具

电子书包支持的智慧学习环境能够提供课堂所需要的各种工具，如思维导图软件、文档编辑软件、视频、音频编辑软件等，帮助学生在课上完成多种教学活动，为学生的阅读生成和创作提供必要的支持。

5．拓展资源

除基本资源外，电子书包支持的智慧学习环境还可提供丰富的拓展资源，学生可根据需要进行拓展阅读，超越既定的教学目标和内容，深化知识的生成。

6. 多元评价

电子书包支持的智慧学习环境同样支持电子量规、电子档案袋、个人日志、教师日志等多元评价。教师能够根据学生的学习情况开展评价，学生则能够根据教师评价、同伴互评等进行总结反思，不断调整自己的学习方法，优化知识生成。

三、 知识生成的翻转课堂模式应用

（一）应用领域

知识生成的翻转课堂相较于传统翻转课堂，更加注重教学过程中学生对于知识的建构与生成。因此，该模式多被应用于语文、英语、科学等学科中，以提升学生阅读能力和生成能力。

（二）典型案例

案例 5-1：小学一年级语文课第二课时《我们去吧》

本案例选自 G 小学一年级廖老师的语文课第二课时《我们去吧》，该节课以生成教学理念与翻转课堂教学理念为指导进行设计，主要教学目标按知识与技能、过程与方法、情感态度价值观来设计。

◆ 知识与技能

1. 学习生字"自""己"。

2. 能够正确、流利、有感情地朗读课文。

◆ 过程与方法

1. 通过"故事对比、讨论分享"，培养学生思维辨析能力。

2. 通过"自读自演自悟"，培养学生自学能力和合作能力。

3. 通过"创设情境，想象拓展"，培养学生想象力和语言表达能力。

◆ 情感态度价值观

通过小组合作学习，培养学生合作意识。

❖ 教学过程

该节课主要分为课前、课中、课后三个环节。课前"学情诊断，教学准备"；

课中"创设情境，导入新课""初读课文，自学生字""感情朗读，自学探究""小组合作，个性扮演""自编故事，拓展提升"；课后"总结全文，个性作业"。具体教学流程如图 5-3 所示。

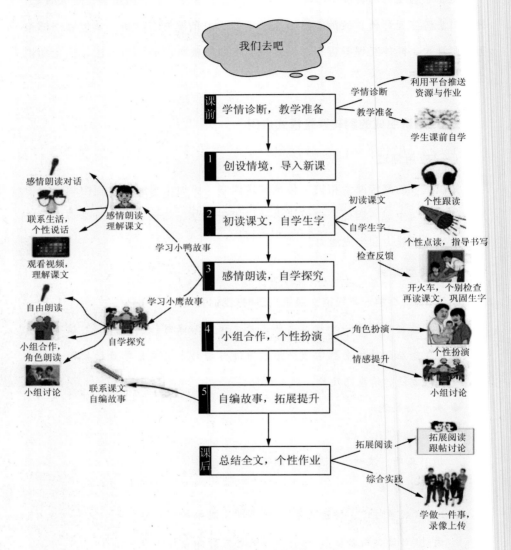

图 5-3 《我们去吧》具体教学流程

1. 学情诊断，教学准备

教师通过网络学习平台向学生提供相关学习资源和练习作业，学生根据学习平台上提供的资源进行学习，完成相关练习。然后教师根据学生练习完成情况，诊断学生学情，为教学提供重要依据。

2. 创设情境，导入新课

教师在课上播放教学课件，引导学生关注课件并创设学习情境；学生则初步利用图片进行语言训练。

3. 初读课文，自学生字

学生初读课文，开展个性跟读。教师通过网络学习平台向学生发送学习课件，教授学生学习课件的使用方法；学生自学生字，进行个性"点读"。随后，教师开展"开火车"活动，以检查纠正学生读音情况。最后，学生再一次朗读课文，以巩固生字。

4. 感情朗读，自学探究

教师出示插图、示范朗读，以引导学生发挥想象、自由说话。

5. 小组合作，个性扮演

教师讲明自学要求，学生分小组进行角色扮演，并录像上传至网络学习平台，开展讨论互评。

6. 自编故事，拓展提升

教师出示插图："小猴和小猴妈妈在桃树下抬头仰望"，说明讲故事的基本要素，引导学生自由创编故事并录音上传，进行讨论评价。

7. 总结全文，个性作业

拓展阅读，教师布置阅读作业，要求学生进行拓展阅读，并在学习平台上跟帖讨论。综合实践，教师要求学生课后"学做一件事情，把学习过程录像，上传至网络学习平台"；学生分享学习心得，并按要求完成作业。

第二节 能力培养的翻转课堂

开展翻转课堂教学实践的目标是满足学生个性化学习的需求、尊重学生个体差异发展、实现师生多维互动及帮助学生提升自主学习与协作学习能力，促进学生信息素养能力和学科专业发展能力、培养学生高阶思维能力和问题解决能力、提升学生创新思维能力和总结反思能力，实现深度学习、聚焦问题解决，进而提升创新人才培养质量。因此，翻转课堂在培养学生能力方面具有得天独厚的优势。

一、 能力培养概述

(一)能力的内涵

目前，关于能力的定义尚未形成统一的认识。哲学论认为，能力是人的内在素质的外化力量。从心理学角度出发，能力是通过遗传而获得的，美国心理学家弗朗西斯·高尔登(F. Galton)认为，能力是人生来具有的潜能，人的能力是遗传继承而来。从教育学角度出发，能力是一种知识。苏联著名教育学家乌申斯基认为，能力本身不是别的东西，是人类自身组织得很好的知识(包括经验)。此外，还有学者认为能力是熟练和技巧的综合，是执行某种行动的技巧。

随着时间的推移，能力的内涵也在不断发生着变化。简而言之，能力是人顺利完成或实现某种活动所必需的心理条件，是个性心理特征的重要方面。它具有四个方面的特征。①

第一，能力是顺利完成某种活动的主观条件，因为顺利完成一项活动需要多方面的条件，既需要物质、设备等客观条件，也需要主体自身的知识、能力等主观条件，能力是诸多要素之一。

第二，能力是多种复杂因素的组合。行为主义心理学家托尔曼认为，在人的行为中能够观察到的自变量和可观察到的因变量之间有不能观察到的因子——中间变量，这就是能力。而这一中间变量是一个混合体，其结构是极为复杂的，且其功能绝非简单的结构要素之和，因此被认为是诸多要因的组合而不是集合。

第三，能力的定义中并没有特意强调个体的心理特征，反而更加强调"诸要因的组合"，因为如果仅仅从心理学的意义上去理解能力的定义是远远不够的。很明显，人们生活中使用的能力一词的含义，绝不仅仅只包括了其心理的特征。例如，一个篮球运动员控制球的能力，至少不能完全解释为心理特征。

第四，能力是完成某种活动所必需的诸要因的组合。也就是说，能力总是和活动(包括思维的和行为的)相联系，并且直接影响活动进程。能力总是存在于具体的活动中，在活动中得以体现，并且在活动中才能得以发展和培养。离

---

① 刘晋伦主编：《能力与能力培养》，3页，济南，山东教育出版社，2001。

开了活动，既不可能体现任何能力，也不可能使任何方面的能力得到培养和发展。

(二)能力的分类

按照不同的分类标准，可将能力分为若干个类别。从能力表现的活动领域来看，能力可分为一般能力与特殊能力；从能力创造性的大小来看，能力可分为再造能力和创造能力；从活动的认知对象角度来看，能力可分为认知能力和元认知能力。

从能力表现的活动领域来看，能力可分为一般能力与特殊能力。一般能力也称为智力，它是指在进行各种活动时必须具备的基本能力，是人们有效认识世界的保证。具体来说，一般能力包括感知能力(观察力)、记忆力、想象力、思维能力、注意力等，其中抽象思维能力是核心，因为抽象思维能力支配着智力的诸多因素，并制约着能力发展的水平。特殊能力又称专门能力，是顺利完成某种专门活动所必备的能力，如音乐能力、绘画能力、数学能力、运动能力等。一般在完成学习活动时，常需要一般能力和特殊能力的共同参与，一般能力的发展为特殊能力的发展提供了更好的内部条件，特殊能力的发展会积极地促进一般能力的发展。

从能力创造性的大小来看，能力可分为再造能力和创造能力。再造能力是指在活动中顺利地掌握前人所积累的知识、技能，并按现成的模式进行活动的能力，这种能力有利于学习活动的开展。一般来说，人们在学习活动中的认知、记忆、操作与熟练能力多属于再造能力。创造能力是指在活动中创造出独特的、新颖的、有社会价值的产品的能力，它具有独特性、变通性、流畅性的特点。再造能力和创造能力是相互联系的，再造能力是创造能力的基础，任何创造活动都不可能凭空产生。因此，为了发展创造能力，首先就应虚心地学习、模仿、再造。

从活动的认知对象角度来看，能力可分为认知能力和元认知能力。认知能力是指个体接受信息、加工信息和运用信息的能力，它表现在人们对客观世界的认识活动之中。元认知能力是指个体对自己的认识过程进行认知和控制的能力，它表现为人对内心正在发生的认知活动的认识、体验和监控。

教育信息化 1.0 时代强调基本知识储备与基本技能的学习，"知识先于能力"的观念深入人心。随着十九大的顺利召开，我国进入教育信息化 2.0 时代，信息技术在教育中的运用越来越广泛，越来越趋向于创新发展，这也迫使教育生态发生改变，以适应社会对教育人才的需求。在教育信息化 2.0 时代，社会越来越需要具有创新能力、协作能力、批判思维能力、沟通能力的人才，"知识先于能力"开始向"能力先于知识"转变。由此可见，能力的培养对于学生的发展及社会的进步具有重要意义。

二、 能力培养的翻转课堂模式设计

（一）明确理念

基于能力培养的翻转课堂将素质教育理念与翻转课堂理念有机结合，强调知识学习在课前、知识内化在课中，注重将知识向能力转化，强调学生的能力培养，主张能力与素质比知识更为重要、更为稳定、更为持久。基于能力培养的翻转课堂把学生能力的培养作为教学的中心工作，旨在全面开发学习者的各种能力，使得知识、能力和素质和谐发展，以满足信息时代对人才的需求。

（二）构建模式

基于能力培养的翻转课堂可以分为课前、课中、课后三个环节八个步骤（如图 5-4 所示）。下面将具体解析信息技术支持下的能力培养的翻转课堂模式。

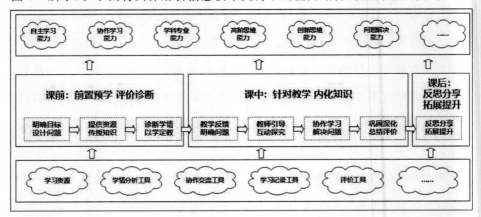

图 5-4　能力培养的翻转课堂模式

1．前置预学，评价诊断

(1)明确目标，设计问题。能力培养的翻转课堂在进行教学目标的设计时需要考虑社会需求，即社会背景要求学生应该具备什么样的能力。除此之外还应该考虑学习者特征(学习准备、起点水平和学习风格)和教学内容(内容是否适合翻转，技术能否支持)等要素，并据此设计相关问题，引导学生预学。

(2)提供资源，传授知识。确定教学目标后，教师可根据实际教学需求提供适合学生自学的资源。学生根据教师提供的学习资源开展自主学习，完成课前任务，参与线上讨论。

(3)诊断学情，以学定教。学生完成课前任务后，教师根据学生的完成情况与存在的问题动态调整课堂教学，使其更为精准、更具针对性。

2．针对教学，内化知识

(1)教学反馈，明确问题。课中，教师首先根据学生课前作业的完成情况有针对性地对学生进行讲解，帮助学生突破知识薄弱点和盲点。

(2)教师引导，互动探究。对课前预学进行反馈整理后，教师组织、引导学生进行互动探究，以激发学生学习兴趣，调动学生的积极性。

(3)协作学习，解决问题。在进行互动探究的基础上，教师组织学生开展协作学习，着重解决实际问题。这一过程中，学生一般以小组的形式开展协作学习，共同探究学习问题，以培养学生的团队意识，锻炼学生的协作交流能力。

(4)巩固深化，总结评价。在完成一系列课堂活动后，教师可针对本节课的学习内容进行总结整理，并对学生的活动情况做出点评。学生根据教师的总结与点评巩固所学知识，并通过师生互动、协作探究、交流互动等活动，实现知识的二次内化，真正形成自己的理解与思想。

3．反思分享，拓展提升

课后重在实现课堂的延伸，达到知识的巩固。学生可利用学习平台对自己的知识薄弱点进行及时补救，并选择合适的学习资源开展拓展训练，拓展知识广度与深度，从而提升学生个人学习能力。

(三)环境支持

1. 课前

以电子书包为代表的智慧学习环境能够有效支持前置预学。在课前,学生能够根据自己的需求查找相关资源,完成任务。教师能够利用电子书包开展学情诊断,即能够即时反馈学生课前预习行为数据,帮助教师精准诊断学情,从而灵活调整课堂教学。

2. 课中

电子书包支持的能力培养的翻转课堂,课中主要体现在支持情景再现、个性化学习、交流互动、检测反馈、可视化总结等方面。

具体来说,电子书包能够支持情景再现,即播放有关教学内容的音乐、动画、视频课件等,从而丰富教学内容呈现方式,激发学生学习兴趣。

电子书包能够支持个性化学习,即电子书包拥有个人空间、错题集等管理知识的工具,教师可根据学生学习情况个性化地推送合适的资源,实现学生全面而个性化的发展。

电子书包能够支持交流互动,即学生可将学习作品上传至互动讨论区,引发交流(包括发表自己的观点,回复他人的意见、评价等),通过交流互动增进知识的内化,锻炼学生的交流协作能力。

电子书包能够支持检测反馈,即实时统计练习检测情况,学生能够根据检测数据分析自己的错误,发现现存问题,从而进行有效的反馈与调整。

电子书包能够支持可视化总结,即学生可利用电子书包中的概念图等工具将所学知识可视化,帮助提炼知识结构,方便管理与保存,锻炼思维能力。

3. 课后

教师能借助电子书包发布课后作业要求及明确习题作业,并查看其完成情况。学生能够借助电子书包获取相关拓展学习资源,开展自评互评、线上互动交流,以促进知识向能力的转化。

三、 能力培养的翻转课堂模式应用

（一）应用领域

基于能力培养的翻转课堂正逐渐运用到课堂教学中，改变着传统的课堂模式。基于能力培养的翻转课堂一般可用于语文、数学、英语等学科中，一方面能够培养学生学科专业能力，如多元读写能力、数学思维能力等，另一方面可锻炼学生的批判性思维能力、高阶思维能力、创新思维能力等。

（二）典型案例

案例 5-2：小学四年级数学课第一课时《三角形的分类》

本案例选自 T 小学四年级崔老师的数学课第一课时《三角形的分类》。该节课的主要目标分为三类：知识与技能、过程与方法、情感态度价值观。

◆ 知识与技能

1. 能够依据角和边对三角形进行分类。

2. 能够理解并掌握三角形的特征。

◆ 过程与方法

1. 能够掌握三角形的分类准则和分类方法。

2. 能够利用电子书包开展合作探究，提升探究学习能力及分类、概括和推理能力。

3. 经历三角形分类、关系及特征的探索，体会分类、特殊与一般的思想方法。

◆ 情感态度价值观

通过合作探究活动，增强合作意识与探究精神。

本案例采用基于能力培养的翻转课堂模式进行教学。课前"观看微课，初步分类"；课中"分析诊断，明确准则""小组合作，探究分类、关系及特征""练习检测，巩固基础""分层训练，个性提升""总结反思，分享心得"；课后"布置作业，拓展延伸"。具体教学流程如图 5-5 所示。

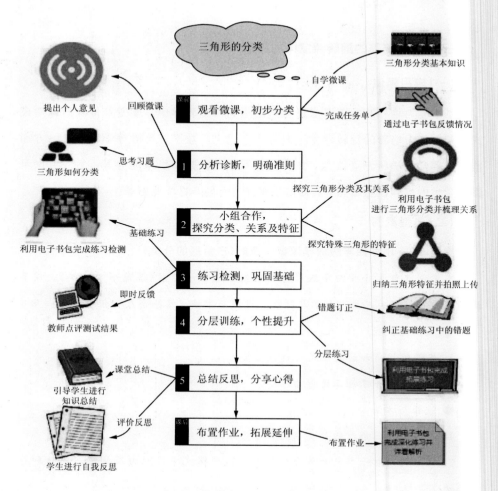

图 5-5　《三角形的分类》教学流程

❖ 教学过程

1. 观看微课，初步分类

教师通过学习平台发布微课和学习任务单，学生在课前观看微课，并初步完成学习任务单上的任务，初步探究三角形的分类。

2. 分析诊断，明确准则

教师通过电子书包对学生课前完成的任务进行反馈，然后以谈话的形式引入生活中的分类例子，以启发学生明确分类准则。通过设置问题情境，引发学生深入思考和正确认识三角形的分类准则。

3. 小组合作，探究分类、关系及特征

第一，探究三角形的分类及其关系。教师布置任务，要求学生对三角形进行分类，说明分类的原因，并探讨各类三角形的异同之处。学生利用电子书包进行三角形分类并梳理关系，并向全班进行汇报。教师组织学生进行点评，并系统地对三角形分类知识进行归纳小结。

第二，探究特殊三角形的特征。教师提供探究资源，提出探究问题。学生学习电子资源，开展合作学习，探究直角三角形、等腰三角形、等边三角形的角度与边长之间的关系，并将探究结果拍照上传。教师引导学生小组代表汇报结果并进行点评、归纳。

4. 练习检测，巩固基础

教师主要引导学生进行基础练习，并点评学生练习情况，以让学生对基础知识进行理解和巩固，深化对三角形分类的认识，熟练掌握特殊三角形的特征。

5. 分层训练，个性提升

教师通过网络云平台布置分层练习题与要求，学生根据自身实际情况完成个性化练习。通过分层训练，能够提高学生学习积极性，同时让不同层次的学生都能够对知识进行巩固。

6. 总结反思，分享心得

教师对本节课的知识点、重难点、存疑点进行归纳小结。学生谈感受，并进行自评与互评。通过反思总结，让学生在学与做之间体会学习数学的价值，并内化为自己的知识和技能。

7. 布置作业，拓展延伸

教师利用云平台布置作业，学生按照要求完成作业，实现知识的内化。

第三节　项目学习的翻转课堂

基于项目学习的翻转课堂作为一种新型的课堂模式，要求学生运用多学科交叉知识来解决实际问题，以培养学生的自主学习能力和协作学习能力为目标，进一步突出了学生的主体地位，实现了知识的内化，从而促进学生的全面发展。

一、 项目学习概述

(一)项目学习的内涵与特点

项目学习(PBL)起源于杜威"从做中学"的教育理念。后来,这一理念逐渐被教育研究人员采纳,并发展演变成"项目学习"教学法。项目学习是一种有效促进传统课堂教育革新的新型教学模式,由于其注重实践,强调在真实的情境中解决问题,因此很快在各个领域中迅速流传开来。项目学习基于真实的问题情境,强调小组合作,以"作品"的完成为标识,能够有效地实现知识的建构,帮助学生发展高阶思维,提高学生解决问题、协作交流的能力,从而促进学生的全面发展。

美国学者托马斯博士(J. W. Thomas)认为项目学习的首要特征是向心性,即项目是课程的中心,而不是课程的外围和边缘,学生通过项目而接触学习学科的核心概念。① 王海澜认为项目学习是以建构主义理论为指导,以小组合作方式进行规划和解决项目任务的学习方式。② 黎加厚认为项目学习是以学习、研究学科的概念和原理为中心,通过学生参与一个活动项目的调查和研究来解决问题,以建构起他们自己的知识体系,并能运用到现实社会当中去的一种学习模式。③ 高志军等认为项目学习是指在学习过程围绕某个具体的学习项目充分选择和利用最优化的学习资源,在实践体验、内化吸收、探索创新中获得知识,形成专门的技能并获得充分发展的学习。④

尽管不同学者因研究的角度不同,对定义的理解也有差异,但这些定义都体现出了项目学习所具备的特点:第一,项目学习的开展需围绕特定主题,并需基于真实的情境。项目学习的开展一般发生于特定的主题,该主题可来源于书本,也可来源于生活。根据主题设置真实的生活情境,使得学生能够在真实

---

① Thomas,J. W. ,*Project-Based Learning*:*Overview*,Novato,CA:Buck Institute for Education,1998.

② 王海澜:《论作为学科学习框架的项目式学习》,载《教育科学》,2003(5)。

③ 黎加厚:《信息技术课程改革与实践》,http://www. ictedu. cn/bbs2008/sf_upload/sf_20041218105318. rar,2014-02-25。

④ 高志军、陶玉凤:《基于项目的学习(PBL)模式在教学中的应用》,载《电化教育研究》,2009(2)。

的情境中发现问题。第二，项目学习强调小组协作交流。项目学习一般以小组的形式开展，学生与学生、学生与教师之间形成学习共同体，共同进步发展。第三，项目学习要求运用多学科知识解决实际问题。项目学习的问题来自现实的情境中，问题的解决需要多学科交叉知识。第四，项目学习注重学生的个性化发展，更加看重学生解决问题的方法。

总而言之，项目学习强调以学习者为中心，基于真实的现实情境，以团队协作的方式开展教学，注重培养学习者解决问题的能力。

(二)项目学习的一般过程

通常来说，项目学习一般以"完成一项任务或作品"为目标开展探究，强调学生动手操作，注重学生对知识的综合应用，强调成果的形成。项目学习的一般过程如图 5-6 所示。

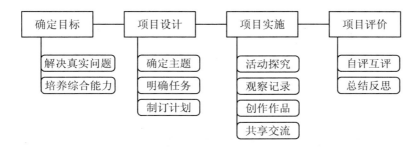

图 5-6 项目学习的一般过程

在该模式中，项目学习主要包括四个阶段：确定目标、项目设计、项目实施、项目评价。

1. 确定目标

确定目标是项目学习的首要环节，也是项目学习的根本出发点和最终归宿，决定着项目计划的总方向。项目学习的目标是学习者参与项目学习活动后应该表现出来的可见行为的具体且明确的表述。项目学习的目标设计可参考美国心理学家布鲁姆(Bloom)的教学目标分类理论、加涅(Gagne)的学习结果分类等理论，但无论采用何种理论，其目标都是要让学生解决生活中的真实问题，以此培养学生的综合实践能力。

2. 项目设计

项目设计主要包括确定主题、明确任务、制订计划三个环节。学习者的所有探究活动都是围绕主题展开的，因此，确定合适的主题是确定整个项目学习能否成功的首要因素。学习主题应该符合课程的教学内容、教学目标，并能够结合学习者的能力、兴趣进行设定。确定项目主题之后，教师需要针对项目主题帮助学习者明确学习任务。项目学习的任务是指为达到既定的项目学习目标需要完成的探究内容。随后，学习者在教师的指导下将学习任务进行分解，从学习团队、学习目标和任务、学习过程、学习工具与环境、项目时间表、学习评价等几个方面来制订项目计划书。

3. 项目实施

在这一阶段，教师指导学习小组根据项目计划书开展项目学习，如活动探究、观察记录、资料收集、交流讨论等。项目学习结束后，学习小组需要在教师的指导下归纳整理学习过程中的数据、资料，形成项目作品，并在教师的指导下汇报、交流项目作品。在项目学习活动过程中，教师应做好组织、管理和监督的工作，及时对学习者开展项目学习活动的状态和表现进行跟踪，适时适度地给学习者提供帮助。

4. 项目评价

教师组织学习小组，根据项目计划书中的评价方式开展自评、互评等评价活动，帮助学习者回顾反思学习过程，促进项目学习目标的完成。

二、 项目学习的翻转课堂模式设计

(一)明确理念

项目学习是从杜威所倡导的"从做中学"教育理念中逐渐发展起来的，它突破传统教学中"以教师为中心""以课程为中心""以课堂为中心"的教学理念，体现了"以学习者为中心""以活动为中心"的教学理念。因此，项目学习的翻转课堂理念有效地将"以学习者为中心"和"以活动为中心"教学理念与翻转课堂教学理念结合起来，课前实现项目知识的学习，课中进行项目设计实施，课后总结提升。它能够有效激发学生学习兴趣，提升学生动手操作能力与问题解决能力，促进学生全面发展。

(二)构建模式

基于项目学习的翻转课堂模式以真实的问题情境为基础，关注问题探究和解决的过程，强调小组协作，注重学生能力的培养。从项目实践与翻转课堂本质来说，两者突出学生的主体地位，强调以学习者为中心，打破传统课堂中以教师为中心的教学理念，实现教为学服务，有效促进学生的全面发展。基于项目学习的翻转课堂模式主要由课前、课中、课后三大环节组成。具体内容如图5-7所示。

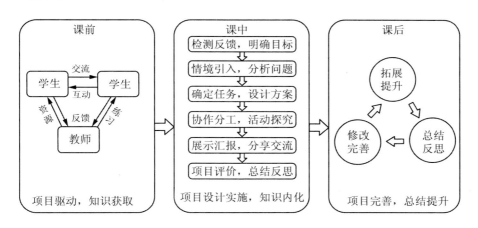

图 5-7　项目学习的翻转课堂模式

1. 课前

课前主要进行项目驱动，知识获取。其主要包括"提供资源，发布练习"和"自主检测，交流互动"两个环节。首先，教师根据项目主题，制作与项目主题知识点相对应的微课和习题，在信息技术的帮助下，将微课与习题资源发布到学习平台。同时，提供相应的辅助资源，如项目设计方案、项目操作的案例等。随后，学生通过学习平台开展自主学习，完成相应练习。针对学习的重难点等，学生可反复学习微课视频，或通过线上讨论、线下交流等形式，向老师、同学寻求帮助。

2. 课中

课中主要包括"检测反馈，明确目标""情境引入，分析问题""确定任务，设计方案""协作分工，活动探究""展示汇报，分享交流""项目评价，总结反思"六个环节。

（1）检测反馈，明确目标。教师根据学生的练习结果，统计学生知识点的掌握情况，有针对性地对知识薄弱点进行讲解、分析、强化。同时，教师根据学生实际需要，确定教学目标。

（2）情境引入，分析问题。教师设置教学情境，以生活中的真实的情境引入，提出问题，引发学生思考。情境引入可通过微课、优课、图片、文本等形式，重点在于提高学生兴趣，引起学生深度思考，激发学生探究欲望。

（3）确定任务，设计方案。确定项目研究主题是项目学习取得成功的关键因素。应该基于分析的问题，确定项目研究主题、设计项目方案、明确项目任务和项目操作流程等。确定项目研究主题后，应设计好项目方案，并进一步分解项目任务，将其逐步细化成若干个小任务。

（4）协作分工，活动探究。项目实施的过程中，主要采用小组协作的方式，小组成员明确分工，进行活动探究，并有专人负责观察记录、资料收集与处理、资料分析等，形成项目作品或项目研究结论。

（5）展示汇报，分享交流。学生可以以个人或小组的形式对项目作品或项目研究结论进行展示，并与同学、教师进行交流。

（6）项目评价，总结反思。学生、教师对项目作品或项目研究结论进行评价，并总结反思。

在课中对项目进行设计实施、知识内化的过程中，教师应根据课堂实际情况，做好组织、管理和监督的工作，及时对学生开展项目学习活动的状态和表现进行跟踪，适时适度地给学习者提供帮助。

3. 课后

项目完善，总结提升。课后，学生主要是对项目的设计方案、项目的操作流程进行修改、优化、完善。学生通过学习平台进行交流反思，以进一步提升自身能力。

（三）环境支持

在基于项目学习的翻转课堂中，环境支持主要体现在课前、课中和课后。

课前需要支持获取网络中丰富的学习内容和学习资源并提供思维导图等认知工具及知识管理工具，支持情境探究和发现学习。课中需要提供数据统计软件等分析工具，支持数据的处理和分析及提供互动讨论平台及空间，支持协作学习和交流探讨，同时在环境支持下能为作品的创作和发布提供良好平台和共享空间。课后需要提供相关拓展学习资源并支持开展作品自评互评等。

三、 项目学习的翻转课堂模式应用

（一）应用领域

一般来说，基于项目学习的翻转课堂运用较广泛，既可以运用到语文、数学、英语等学科，产生语言类的研究报告或数字类的调查文章，也可以运用到音乐、美术、科学探究课等，产生歌曲、绘画等作品。基于项目学习的翻转课堂，一方面能够提升学生学科专业能力，另一方面也能够有效提升学生交流协作能力和问题解决能力。

（二）典型案例

案例 5-3：小学三年级英语活动课《Do you like meat》第一课时

本案例选自 G 学校三年级洪老师的英语活动课《Do you like meat》第一课时。该节课结合项目式教学理念、翻转课堂教学理念开展教学。通过项目学习的翻转课堂，利用真实的情境，激发学生兴趣，引导学生质疑、提问、调查、探究等，以此在项目实践中培养学生解决实际问题的能力、锻炼学生自主学习能力和协作学习能力，促进学生的全面发展。在本案例中，该节课教学目标主要分为知识与技能、过程与方法、情感态度价值观三个方面。

◆ 知识与技能

1. 正确拼读并书写单词 rice，meat，noodles，milk，fish。

2. 理解并熟练运用句型 Do you like . . . ? Please pass me . . . 。

◆ 过程与方法

1. 利用外研社电子教材进行个性跟读、角色配音，提高英语听说能力、表达能力。

2. 通过情景对话，提高思维能力和语言交际能力。

3. 小组协作，设计食谱，提高学生学习的迁移能力和协作学习能力。

◆ 情感态度价值观

1. 在学习过程中渗透挑食有害健康的意识，倡导培养良好的饮食习惯。

2. 借助教学平台，提高学习英语的兴趣及积极性。

本节课主要采用项目学习的翻转课堂形式。课前"膳食科普，课前预学"；课中"创设情境，激发兴趣""聆听对话，理解文意""个性跟读，句型练习""小组协作，食谱设计""总结课堂，布置作业"（具体教学流程如图 5-8 所示）。

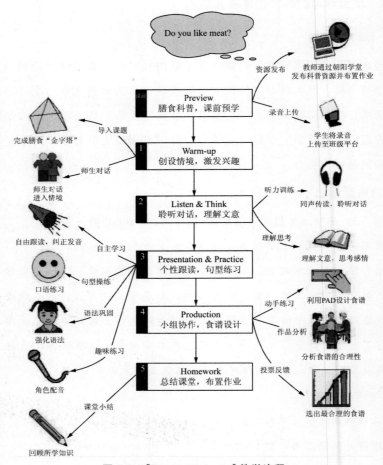

图 5-8 《Do you like meat》教学流程

❖ 教学过程

1. 膳食科普，课前预学

教师通过云平台上传视频，布置作业。学生观看教学视频及拓展资源，完成食物分类，并进行录音，上传至平台。

2. 创设情境，激发兴趣

教师创设家庭晚餐情境，激发学生兴趣。师生之间进行对话，进入情境。同时，教师组织学生在课堂观看视频，完成测试问题，并要求学生进行互评。

3. 聆听对话，理解文意

学生聆听对话，进行听力训练。教师要求学生有感情地朗读并引导学生对朗读情况进行互评。

4. 个性跟读，句型练习

个性跟读主要让学生自由跟读，纠正发音；其次进行句型操练、语法巩固和趣味练习。

5. 小组协作，食谱设计

这一步骤是本节课的重点，也是基于项目式翻转课堂的具体表现，该步骤主要分为三个部分。

首先，教师展示项目任务情境，提出设计健康食谱问题并引导学生进行思考。学生分组协作讨论，理清项目任务，动手操作练习，利用 PAD 设计食谱。

其次，通过作品分析，分析食谱的合理性。学生运用所学习内容对设计的食谱进行分析，讨论其合理性，并确定最优的设计方案。

最后，进行投票反馈，选出最合理的食谱。各小组成员分享交流设计方案，教师组织学生进行投票评价，并选出最合理的食谱设计方案。

6. 总结课堂，布置作业

教师对课堂内容进行小结，并布置作业。学生通过云平台完成项目课程作业并上传提交。教师可通过云平台对学生课堂表现进行点评，为下一次教学提供参考。

第四节　复习训练的翻转课堂

我国教育已经逐步由应试教育转变为能力教育和素质教育。近年来，翻转课堂教学模式得到国内外教育者们的广泛关注，且通过诸多实践证明，翻转课堂在激发学生学习兴趣、提高考试成绩及培养学习者的学习能力、实践能力和协作能力等方面具有促进作用，这为复习训练课的教学改革提供了一个新的思路：如果学生能够在课前完成相关知识的学习，就会减少教师复习课堂讲授的时间，从而留给学生更多时间进行知识梳理、参与交流讨论和获得教师个别化的指导。

一、 复习训练课概述

（一）复习训练课内涵

不同课型的课具有不同的内部结构和目的。目前常见的课型包括新授课、练习课、实验课、综合课、测验课、讨论课、自学课、复习课等。复习训练课作为一种常见的教学课型，主要以知识梳理、拓展训练来巩固知识，以强化认知结构、提高学生的学习迁移与问题解决能力为目标。通常来说，每一个新的知识点的教学都需要相应的复习和巩固，每一节课程、每一个单元或章节的教学都需要一两节课的复习与整理，以让学生充分吸收内化知识点并进行灵活运用。

（二）复习训练课基本特征

与新授课相比，复习课就是要通过整理、归纳的方式使得平时相对独立分散的各知识点相互联系起来，进而加深学生对知识的理解，发现知识间的联系与逻辑关系，从而提高学生的知识迁移与问题解决能力，以达到教学效果的最优化。复习课一般具有以下五个特征[①]：第一，教学内容的选择性，即有目的地选择学生迫切需要复习的内容，而不是不分重点、大而全地复习课程所有知识点。第二，知识体系的系统性，即知识归纳、整理、建网，使支离破碎的知识系统化、科学化，以让学生系统地掌握复习内容。第三，能力发展的迁移性，也就是说能够让学生灵活运用知识，使其举一反三、触类旁通。第四，似曾相识的疲劳性，学生对于复习内容似曾相识，打开书之后认识到已经学习过书本内容，但合上书之后对于内容知识点一脸茫然。第五，复习时间的紧迫性，即复习课往往面临着时间短、头绪多、容量大、节奏快的问题，因而要求师生宏观上把握、微观上吃透。

——————————

① 何善亮：《复习课教学存在的问题及其改进建议》，载《当代教育科学》，2012（2）。

二、 复习训练的翻转课堂模式设计

（一）明确理念

基于复习训练课的翻转课堂将复习训练课的基本特点与翻转课堂教学理念有效结合起来，实现知识梳理发生在课前，知识强化、个性训练、拓展提升发生在课中，反思总结发生在课后。因此，在实施复习训练的翻转课堂模式时，应深刻认识到其基本特征。基于复习训练的翻转课堂能够充分发挥学生的自主学习能力，提供学生个性化的指导，进而帮助学生实现个性和能力的最大化发展。

（二）构建模式

通过文献研究与理论探讨，我们了解到翻转课堂通过改变传统课堂教学中知识传授与知识内化的顺序，为解决复习训练课中存在的问题提供了一条新的途径，而电子书包在此过程中也可起到良好的技术支撑作用。本部分参考相关文献，结合电子书包的教学功能，设计出复习训练的翻转课堂模式，该模式由课前、课中、课后三大环节组成（如图 5-9 所示）。

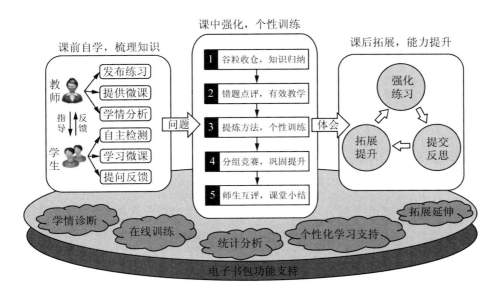

图 5-9　复习训练的翻转课堂模式

1. 课前自学，梳理知识

在复习训练课前，教师针对复习的重难点制作相应的微课（每段应不超过10分钟），并发布到电子书包平台上。同时根据复习的知识点发布相应的练习题，练习题的设置要充分考虑学生已有的认知结构，合理地设计练习题的数量和难度。学生自主学习微课，完成相应练习题，并根据电子书包的反馈情况在平台上撰写错题反思，也可再次选择相应的微课进行复习巩固。在上课前，教师对学生完成练习的情况进行分析，为课堂活动的设计提供指导。

2. 课中强化，个性训练

（1）谷粒收仓，知识归纳。教师主要对章节知识点进行梳理、归纳，形成系统性结构。学生在教师的引导下，复习教学内容，查漏补缺。

（2）错题点评，有效教学。教师利用电子书包的统计分析功能，分析学生课前练习的得分及错题反思情况，并总结易错题型，帮助学生明确学习目标。接着由学生自主提出问题，并通过小组活动协作解决问题；教师或助教对小组协作过程进行点评。

（3）提炼方法，个性训练。教师选取共性错题详细讲解，并引导学生提炼解题方法，梳理章节知识点。然后学生利用在线测试功能，在电子书包上完成系统智能推送的习题。教师随时捕捉学生学习动态，并及时加以指导。同时，助教进行组内辅导，在训练完成后进行汇报、点评。

（4）分组竞赛，巩固提升。完成个性训练后，教师发布具有难度梯度的习题，根据个性训练成绩分层进行答题竞赛。组长统计小组平均分汇报给老师，并进行小组点评。

（5）师生互评，课堂小结。电子书包支持的翻转课堂的评价应该是多维度、多方式的。课堂小结环节，先由学生进行自我评价，再由教师进行评价结果的统计与反馈，让学生针对不足的地方在课后进行加强和补救。

3. 课后拓展，能力提升

课后，学生利用电子书包针对课堂存在的问题进行补救练习，并利用电子书包的资源进行拓展学习。而教师可对学生课内外的学习情况进行评价，从而为下一次教学提供参考依据。

(三)环境支持

复习训练的翻转课堂模式主要是在电子书包的支持下进行开展，电子书包在整个过程中可以发挥学情诊断、在线测试、统计分析、个性化学习支持和拓展延伸五大功能。

1. 学情诊断

在复习训练的翻转课堂中，学生主要进行课前知识梳理，教师则需要对学生在课前学习时产生的疑问进行整理，然后在课堂上通过交流、探讨的形式解决学生的问题。电子书包平台提供了即时、动态的学生课前预学行为数据，教师能够即时把握学生真实学情，从而调整教学。

2. 在线测试

在线测试改变了传统纸质作业提交不能及时反馈和保存评价信息的弊端。在电子书包平台上，系统能匹配教材章节内容进行自动组卷，教师可对系统题目进行灵活改编。学生完成在线习题后，即可获得及时反馈，可点击查看题解，并撰写错题反思，这为复习训练的翻转课堂有效开展提供了便利。

3. 统计分析

电子书包平台可精确分析每位学生或全班学生作业、练习的完成情况。教师根据反馈信息分析学生在解题过程中遇到的困难，针对普遍存在的疑难点给予简明的点拨与提示，有利于实现个性化的指导与帮助。

4. 个性化学习支持

电子书包在复习训练的翻转课堂中提供的个性化学习支持主要包括三方面：第一，"错题本"功能：帮助学生积累练习及作业中的错题，及时梳理知识点，巩固提升。此外，学生还可以根据需要将习题按学科、标签分类收藏，创建适合自己的题库。第二，微课资源：学生可以根据自己的学情自定步调进行学习。第三，智能推送：系统会根据学生的学习情况推送适合学生水平的习题、个性化学习资料，弹性变化教学内容与方式，实现因材施教。

5. 拓展延伸

电子书包平台上有大量的学习资源，学生可以通过搜索关键字词获取相关的学习资料。教师与学生利用平台上的交流互动工具，实现师生、生生之间的互动学习。

三、 复习训练的翻转课堂模式应用

(一)应用领域

一般来说，复习训练的翻转课堂运用较广泛，主要涉及语文、数学、英语等复习训练课，当然不仅仅局限于主要学科，也可以运用到音乐、美术等复习训练课上。复习训练的翻转课堂模式主要运用于复习训练课，而不是新授课、实验课和综合课等。基于复习训练的翻转课堂将复习训练课的基本特点与翻转课堂理念深度融合，一方面能够有效促进学生对知识点的查漏补缺，完善内部知识结构，另一方面能够促进学生能力的发展。

(二)典型案例

案例 5-4：七年级数学《一元一次方程》复习训练课

本案例选自 G 中学七年级郑老师的《一元一次方程》复习训练课，该复习训练课主要是基于翻转课堂教学理念、个性化学习理念和练讲评理念进行设计，通过个性训练使得学生能够学会独立思考，体会方程思想和数形结合思想，提高学生归纳总结的能力及分析解决问题的能力；采用分层竞赛、组间竞争的方式，让学生积极参与数学活动，对数学有好奇心和求知欲，体验获得成功的乐趣，锻炼克服困难的意志，建立学好数学的自信心。《一元一次方程》复习训练课这部分内容是在学生已经学习了整章知识的基础上进行教学的，通过前面的学习，学生已经基本掌握该章节的基础知识，会解一元一次方程，能利用一元一次方程解决一些较为简单的实际问题。

在该案例中，教学流程主要分为"课前检测，学情分析""颗粒归仓，知识归纳""错题点评，有效教学""提炼方法，个性训练""分组竞赛，巩固提升""师生互评，课堂小结""布置作业，课外延伸"七个环节(具体如图 5-10 所示)。

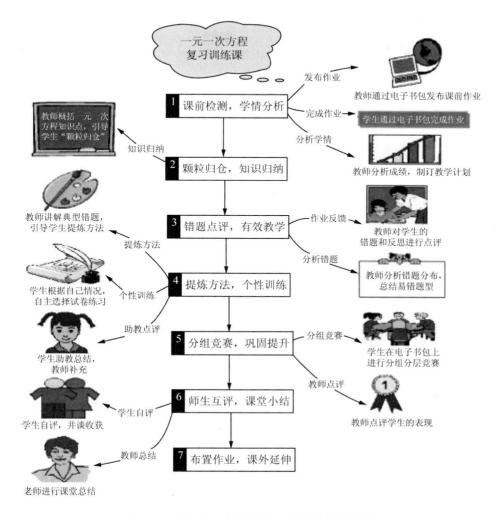

图 5-10 《一元一次方程》复习训练课教学流程

❖ 教学过程

1. 课前检测，学情分析

课前，教师通过云平台将作业推送到学生的电子书包，学生在课前需要完成检测题。教师利用平台收集数据进行分析，并根据学生的作业完成情况制定教学内容。

2. 颗粒归仓，知识归纳

教师主要对整章知识进行归纳，分析测试题中各题分别考查的知识点，并概括整章知识点，引导学生"颗粒归仓"。

3. 错题点评，有效教学

该环节包括两个步骤，首先，教师对学生的作业进行反馈，引导学生分析得分及错题反思情况，并强调养成良好学习习惯的重要性。其次，学生通过老师的错题分析点评做好听课准备。

4. 提炼方法，个性训练

首先，学生通过听老师和同学对易错题型的点评，总结归纳解题方法，反思自己在解题过程中的不足。

其次，教师选取共性错题详细讲解并引导学生提炼解题方法，梳理整章知识点。助教进行组内辅导。教师观察学生训练情况，及时对有需要的学生或小组进行个性化指导。

最后，在训练结束后，教师引导学生总结点评并提供"温馨提示"。

5. 分组竞赛，巩固提升

教师准备三份题组，通过电子书包发送给学生。学生在电子书包上进行分层分组竞赛，完成题组后由小组长统计组内平均分并汇报给教师，最后以小组平均分作为最终得分进行排名。教师点评学生的表现，表扬表现优异的小组。

6. 师生互评，课堂小结

学生进行自我评价，教师启发学生谈收获并引导学生分享学习心得，给予点评，进行课堂小结。

7. 布置作业，课外延伸

教师提前准备好三份作业题，以"作业发布"的形式在课后发给学生。

【参考资源】

参考资源一：《我们去吧》教学设计方案

 扫一扫，认真学习教学设计方案《我们去吧》。

参考资源二：《三角形的分类》教学设计方案

扫一扫，认真学习教学设计方案《三角形的分类》。

参考资源三：《Unit 1 Do you like meat?》教学设计方案

扫一扫，认真学习教学设计方案《Unit 1 Do you like meat》。

参考资源四：《一元一次方程》教学设计方案

扫一扫，认真学习教学设计方案《一元一次方程》。

第六章
翻转课堂的教学评价

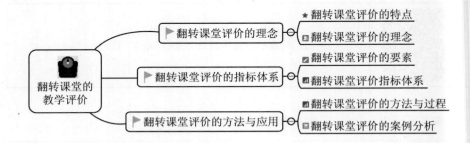

→ **内容结构**

翻转课堂的
教学评价

- ▶ 翻转课堂评价的理念
  - ★ 翻转课堂评价的特点
  - ■ 翻转课堂评价的理念
- ▶ 翻转课堂评价的指标体系
  - ■ 翻转课堂评价的要素
  - ■ 翻转课堂评价指标体系
- ▶ 翻转课堂评价的方法与应用
  - ■ 翻转课堂评价的方法与过程
  - ■ 翻转课堂评价的案例分析

随着翻转课堂的不断发展与深入应用，翻转课堂教学实践在各教育层次越来越受重视，而关于翻转课堂教学质量的评价却鲜有系统的研究。本章在已有的实践基础上，结合文献研究，以翻转课堂实施过程为主线分析翻转课堂核心要素，构建翻转课堂评价体系，研制翻转课堂教学评价量表，进而为评价翻转课堂教学的实施效果提供依据。

第一节 翻转课堂评价的理念

教学评价是以教学目的为标准，通过科学的评测方法对教学过程与教学结果做出相关判断与价值评定。一般包括对教学过程中教师、学生、教学策略等方面的评价，其中最主要的是对学生学习效果和教师教学的评价。翻转课堂教学评价的目的是更好地诊断课堂上教与学的问题，优化教师的教学行为和提升教育质量。判断翻转课堂是否成功，应当基于翻转的内涵，即有学有教、先学后教、自主探究、线上线下、互动指导。

与传统课堂相比，翻转课堂教学具有鲜明的理念。首先，翻转课堂教学强调把知识传授放在课前，学生通过自主学习完成课程的内容，课堂上教师组织和引导学生通过答疑、协作学习、小组探究等形式进行知识的内化，体现了"以学生为中心"的教育理念。其次，翻转课堂关注学生的个性化发展，课前学生根据自己的认知水平，依据学习任务单，自主安排学习进度，课堂教学中围绕学习者的问题进行探究，教师的角色由传统教学中教学的组织者转变成"有支持的、开放的"教学条件提供者和学习引导者。最后，翻转课堂学习材料要求内容微课程化，即时间在 10 分钟以内，有明确的教学目标、内容短小、集中说明一个问题的小课程，体现了"教学内容微课程化、结构化的课程设计思想"①。与之相对应，翻转课堂评价也具有鲜明的理念，本部分从翻转课堂评价的特点和理念两部分阐述。

一、 翻转课堂评价的特点

翻转课堂契合了我国新课程改革的浪潮。经过长期理论探索和本土化实践，翻转课堂深入我国小学、初高中、高等教育各个层次，各个学科也根据学科特点探索适合的翻转课堂教学形式。相比于传统教学模式，翻转课堂强调两个要点：一是将教学流程颠倒为课前完成知识传递，课堂实现知识内化；二是强调网络学习平台和教学微视频的应用。基于此，翻转课堂教学评价有以下特点。

第一，评价因素多样化。

翻转课堂教学评价是涉及教学环境、教学过程及教学结果等所有因素的综合活动。翻转课堂教学实践包括课前、课中、课后三个维度的连续教学过程，而且紧密依托网络平台、微视频等信息化手段的支持。因此翻转课堂评价要涵盖教学活动的各个方面，广泛收集教学活动中的相关信息，真实地对教学活动的准备、过程和结果做出客观公正的评价。

第二，评价对象多元化。

过去的课堂评价在理念上往往是单方面的：多数是管理部门、教师对学生进行评价，学生只是作为被动的评价对象；或者是管理部门对教师进行评价，教师只是作为被动的评价对象。② 由于影响翻转课堂教学效果的因素众多，与传统的课堂相比，师生角色发生了改变，微视频、网络平台和学习任务单及课堂

---

① 董黎明、焦宝聪：《基于翻转课堂理念的教学应用模型研究》，载《电化教育研究》，2014(7)。

② 丁念金：《素质文化视野中的课堂评价理念》，载《全球教育展望》，2011(12)。

互动已成为翻转课堂必不可少的要素，因而翻转课堂评价应该对课程平台、教师、学生等各个对象的不同方面进行全方位评价。

第三，评价信息来源全面化。

与传统课堂相比，翻转课堂明确提出课前、课中和课后三个阶段，学生在每个阶段的学习场所、学习伙伴及学习指导者有所不同，因而翻转课堂的评价不能仅仅局限于几个学生、老师的意见，而应该广泛收集听课老师、讲课老师、学生、教育专家及家长等多方面的评价，然后在统计分析的基础上，做出具有真实性的翻转课堂教学评价。

二、 翻转课堂评价的理念

（一）以学生发展为本，关注教与学的互动性

学生是教学对象的主体，任何一项教学评价体系的构建都要建立在学生发展的基础上。一个好的教学模式既要突出学生主体地位，又要关注学生学习状态和精神情感。翻转课堂的本质是课前实现知识传递，课堂实现知识内化，因而翻转课堂要注重教学互动，观察学生能否主动参与到问题讨论、小组合作、作品共享等教与学互动过程中，发现并解决教学中出现的问题，进而改善教学效果。因此，以学生发展为本，关注教与学的互动性是翻转课堂教学评价体系构建的重要理念依据。

（二）教学过程与教学成效相结合，关注翻转课堂结构的优势发挥

翻转课堂评价既要关注学生的学习成效，也要考查教师的教学过程，避免传统教学评价体系对教学过程关注不够的弊端。因此，翻转课堂教学质量评价应该注重教学过程与教学成效相结合，不仅考虑课前学习材料的质量和课堂教学活动的效果，还要同时关注翻转课堂过程中起关键作用的网络支撑环境的建设，以及网络平台的稳定性和流畅性。在教学过程与教学成效的考核过程中，关注翻转课堂结构的优势是否得到发挥、是否促进课堂教学创新。

（三）关注翻转课堂结构的完整性和系统性，重视指标体系的可行性和可操作性

一个完整的翻转课堂评价体系应该体现教学过程的完整性和系统性。翻转

课堂从前期教学视频的准备、课堂教学活动的内容，以及学习支撑环境的建设到最终实现的教学效果，每个环节都应该在评价体系中得以体现，这样才能形成一个系统的评价体系。同时，评价体系所设计的评价指标应该具有可行性和可操作性，一套科学可行的教学质量评价体系有助于客观有效地评估一种教学模式的好坏。

第二节 翻转课堂评价的指标体系

为了分析教师和学生在翻转课堂中的具体表现与活动效果，达到诊断和提升教学质量的目的，本节重点阐述翻转课堂评价的要素，解析翻转课堂评价的指标体系，并呈现出翻转课堂评价量表。

一、 翻转课堂评价的要素

翻转课堂的三个要素包括课前学习材料、课堂教学活动、学习支撑环境，[①] 这已经得到了普遍认可。由于翻转课堂评价既要反映教师的教学活动，又要体现学生综合素质的培养，既要反映便于描述的、易于操作的、静态的显性教学因素，又要体现不同因素互相影响而生成的难以量化的、不易操作的、动态的隐性教学因素，在评价体系的构建中需要处理好各个要素之间的协调关系。

在翻转课堂评价体系的研究中，课前学习材料、课堂教学活动、学习支撑环境三个要素获得一致认可，而教学效果作为教学的最终目的，在翻转课堂教学质量评价体系中不可或缺。因此，翻转课堂教学质量评价体系的要素包括四个：课前学习材料、课堂教学活动、学习支撑环境和教学效果。

第一，课前学习材料。

课前学习材料主要表现为教师录制的教学微视频和设计的学习任务单。教学微视频制作的好坏直接关系到学生知识内化的效果，高质量的教学微视频应该做到长度适中，能够突出教学内容重难点；结构符合教学大纲和教学目标；

---

① 李馨：《翻转课堂的教学质量评价体系研究：借鉴 CDIO 教学模式评价标准》，载《电化教育研究》，2015，36(3)。

内容有趣，能够吸引学生注意力。学生能够通过学习任务单的问题启发思考，同时能寻找到学习方法指南，进而完成课前学习目标，并得到有效的学习帮助。

第二，课堂教学活动。

虽然翻转课堂通过课前的学习材料进行知识传授，但是知识的内化仍然离不开课堂教学活动。在对课前学习状况进行测评的基础上，教师需要设计课堂教学活动，实现学生知识的内化。从教师的角度来看，课堂教学活动需要达到教学目标明确；思路清晰，结构严谨；关注学生个体差异，因材施教；指导到位，能及时解答学生疑惑。从学生的角度看，应该能够主动参与到互动活动中去，注重知识体系的形成，注重知识的总结归纳；能够形成学习作品，养成分享与交流的习惯。

第三，学习支撑环境。

在翻转课堂教学实践中，网络学习平台是学生获取知识的重要途径，在完成知识转化过程中起到重要作用，因而建设一个成熟、先进的学习支撑环境是确保翻转课堂有效实施的关键和基础。翻转课堂学习支撑环境由互联网、网络教学平台、计算机或者移动终端等组成，应该能够保障网络的稳定性和流畅性，确保网络平台的正常运行与功能完善，以及建设有丰富的教学与学习资源。

第四，教学效果。

传统课堂教学效果的评价往往以学生的考试成绩作为主要依据，这种评价方式不仅不能全面地反馈教学效果，而且可能使评价失去原有的教育功能。翻转课堂教学评价应该摒弃这种单一的评价方法，建立符合翻转课堂发展模式的新型教学效果评价。在翻转课堂教学实践中，不仅实现了传授知识的目的，而且还使教师和学生的角色发生了变化，学生成为主体，教师成为教学的引导者。因而，翻转课堂的教学效果评价指标不仅需要从教师的角度反映教学效果，还需要考虑学生综合素质的培养效果。从教师的角度来看，要完成预设的教学目标，突破教学重难点，活跃课堂氛围。从学生的角度来看，要主动参与到教学活动中，学习习惯良好；能够顺利完成分工任务，增强团队协作能力；能够积极分享所学知识，提出问题并发表新的见解。

二、 翻转课堂评价指标体系

翻转课堂的重要特点是对教学流程的重新构建，实现知识传递前移和知识内化的加深。与传统课堂相比，翻转课堂更加注重提升学生对知识的理解和运用程度，培养学生综合素质和能力，重视学生学习的自主化和教育的个性化。基于此，参考国内现行的教学评价工具，结合翻转课堂评价特点和要素，本章从课前、课中、课后三个方面构建翻转课堂教学评价指标体系，经与专家协商确定每个指标的权重，进而制定出翻转课堂教学评价量表。

（一）翻转课堂教学评价指标体系

通过对翻转课堂的课前、课中、课后三个方面的内容评价及要素分析，经与专家协商，将课前、课中、课后作为一级指标。在一级指标的基础上又进行了标准的细化和分析，制定出二级指标及对应的评价标准（具体如表 6-1）。

表 6-1　翻转课堂教学评价指标体系

一级指标	二级指标	评价标准
课前	教学微视频	视频内容符合实际学情；知识结构完整有条理，重点突出；具有趣味性
	网络平台	功能完善，能够实现在线答疑、提交作业、观看视频等
	学习任务单	任务设置符合学生认知结构，能够有效引发学生思考，学法指导针对性强
课中	问题分析	师生能够根据课前学习情况（成果展示）分析提炼出学习问题
	知识讲解	能够结合学生自学情况进行讲解，可突破重难点，强调或者补充必要的知识技能点
	课堂互动	教师设置恰当的问题情境，引导学生进行讨论，有效调控互动进程。学生能够积极参与问题讨论，共享交流活动；能够顺利合作，完成各自分工并分享交流
	答疑指导	教师能够针对学生的疑问及时提供有针对性的帮助、点拨
	信息技术应用	师生能够有效利用网络平台、视频资源及相关学习工具支持学习
	评价鼓励	参照教学目标，对学生所分享的学习成果给予适中的评价，对学生主动参与课堂活动的积极性给予肯定
课后	归纳总结	能够与原有知识相连接，建立知识体系，形成知识网络
	师生反思	教师能够反思影响教学效果的因素，提出改进策略；学生能够主动反思自己的学习方法、过程及效果，总结经验并做出改进

1. 课前阶段评价

翻转课堂的教学理念是"先学后教，以学定教"，充分的课前准备可帮助学生更好地进行自主学习，并为课堂活动顺利开展提供保障与支持。有效的课前准备是针对教师和学生两方面而言。从教师角度，应提供学生课前自主学习所需的全部资源，包括教学微视频、学习任务单等教学辅助材料，促进学生信息获取的全面性，培养学生学习的自主性，指导学生方法运用的科学性。从学生角度，有效的课前准备不仅要完成相应的自主学习任务、加强自我管理能力，同时要培养有效资源获取能力、问题分析与处理能力，为课堂活动的实施做好充足准备。因此，在构建评价指标体系的过程中，充分考虑教师和学生两方面因素，可使评价更具体、全面。经咨询专家，除教学微视频、网络平台外，学习任务单作为翻转课堂必要的课前准备材料之一，应包含学习指南及引导问题等，充当指导学生课前自主学习的重要辅导工具。

2. 课中阶段评价

翻转课堂的课中阶段是促进知识内化吸收的重要手段，是培养学生综合能力的重要环节，是翻转课堂评价的重要指标。该部分评价主要包括课前学习成果展示、课中问题交流研讨、实践活动演练及课堂学习效果的进一步提升。在成果展示阶段，注重测评学生对学习内容掌握情况；考察团队成员间的信息交流与相互协作，注重对各组信息整合情况的评价。问题交流研讨是课堂团体互动的主要形式，对于讨论环节的流程控制和内容安排至关重要。实践活动演练是知识水平的进一步提升，是理论联系实际、学以致用的重要途径，教师对情境的设置、合理的引导起关键作用。翻转课堂通过精心设计课堂活动，以学习小组为单位进行团队协作、交流探索，从而提升学生综合学习能力，增加课堂参与度。故评价中涉及小组合作等指标，从而体现翻转课堂注重通过团队协作与交流完成对知识的内化吸收，重视培养学生的合作精神和组织能力。

3. 课后阶段评价

相比较于课前和课中，翻转课堂的课后阶段活动安排较少，但同样必不可少。课后的教学回顾是对翻转课堂整体实施效果的反思，是总结收获、思考不足、寻求改进的重要途径。通过总结交流经验，教师获得对翻转课堂新的理解和诠释；通过师生的学习反思，发现翻转课堂教学实践中的优点、不足及待解决的疑难问题，为后续翻转课堂的顺利开展总结积累经验。由于教师是翻转课堂主要的策划者和实施者，教师的教学反思总结对翻转课堂方案的持续改进更直接、更有效，故应着重强调。

(二)翻转课堂教学评价量表

在确定评价指标之后，针对指标的特征属性和对教学效果的重要程度，确定各项指标的权重分配。通过反复咨询专家、与一线教师交流讨论，将一级指标中的课前阶段分值设为 25 分，课中阶段分值设为 60 分，课后阶段分值设为 15 分；根据各要素在翻转课堂实施过程中的重要程度，分别给二级指标赋予相应的分值，具体如表 6-2 所示。

表 6-2　翻转课堂教学评价量表

一级指标	二级指标	评价标准	分值	评分等级			
				A (1.0)	B (0.8)	C (0.6)	D (0.4)
课前	教学资源	教学微视频：内容符合实际学情；知识结构完整有条理，重点突出；具有趣味性	15				
	学习任务	网络平台：功能完善，能够实现在线答疑、提交作业、观看视频等 内容涵盖基础知识与技能点；难度适中，课前任务完成率超过 80%	10				
课中	问题分析	师生提炼两类学习问题，一是反映课前学习困难，二是涵盖教学重难点	10				
	知识讲解	针对学习问题，侧重讲解教学视频中未涵盖的重点内容 针对学习活动，恰当讲解铺垫性内容	5				
	课堂互动	问题情境设置恰当 学生具有讨论交流的时间和空间 讨论活动主题明确，具有可视化的活动结果 活动小组分工明确，全部同学可以参与到活动中	20				

一级指标	二级指标	评价标准	分值	评分等级			
				A (1.0)	B (0.8)	C (0.6)	D (0.4)
课中	答疑指导	针对学生的疑问，及时提供有针对性的解答 针对学习活动困难，有效引导小组分工、调控活动进程等	10				
	信息技术应用	视频、网络学习工具应用围绕教学重难点 信息技术有效拓展学习内容的深度与广度	5				
	评价鼓励	学生得到两方面以上的评价内容（比如活动或过程） 评价内容反映学习行为表现与结果 评价以鼓励性引导为主	10				
课后	归纳总结	综合课前、课中内容，能够与原有知识相连接，形成个人知识导图	10				
	师生反思	反思学习效果的影响因素，在下一次课前写出改进意见或方案	5				
课堂评语							

在评价量表中，不仅考虑到教师的教学情况，还将学生的学习状况作为重要的评价指标，如学生的参与状态、活动状态、思维状态和学习效果等。这是该评价量表与传统的课堂评价的不同之处。

第三节　翻转课堂评价的方法与应用

翻转课堂教学评价量表所反映的具体内容，可以帮助教师诊断翻转课堂教学实践中的问题所在，促进教师尽快掌握翻转课堂教学实践的关键要点。在发现问题后，教师通过自我调整，既可以培养自我反思的能力，也可以采取一些必要的行动来调整教学，以适应学生的学习需求，提高翻转课堂教学效果。

一、 翻转课堂评价的方法与过程

翻转课堂评价是一个复杂而系统的活动过程，需要在教育统计学、教育学的指导下，结合翻转课堂的特点，科学地按照一定的流程开展评价工作。具体的方法与过程包括以下环节。

第一，专家、教师依据量表进行评价。

翻转课堂教学评价量表可作为听评课的主要工具，专家、教师在观察课前、课中、课后三个阶段的整个教学过程后，依据翻转课堂教学评价量表，观察翻转课堂教学模式下教师与学生行为，并在相应的部分进行评分，从而判断翻转课堂教学实践的质量情况，发现课堂教学中存在的问题。

第二，评价结果分析。

收回发出的评价表，统计各个评价表的分数。将评价表的得分划归等级，并按照以下四个评分标准对翻转课堂做出质量评价。

90 分及以上为优秀，该等级为可实现教学创新，促进学生创新思维能力发展。

80～89 分为良好，该等级为可发挥翻转课堂结构优势，提升学生知识内化效率。

60～79 分为一般，该等级为能够实现课堂结构的翻转，完成基本教学任务。

60 分以下则为较差，该等级为对翻转课堂理解有所偏差，无法完成教学任务。

第三，基于评价结果，发现问题。

基于对教学效果评价的结果，分析翻转课堂教学模式在应用过程中的影响因素及现状薄弱之处，进而规范课堂教学行为、保证课堂教学质量。

二、 翻转课堂评价的案例分析

为了使翻转课堂教学评价量表更具有应用性，同时也为了考察翻转课堂教学评价等级的指导作用，在一线教师及相关研究生的支持下，针对 T 小学《三角形的分类》这节课进行了个案研究。本章节依据翻转课堂教学评价量表，严格按照翻转教学评价流程，运用科学的评价方法对《三角形的分类》翻转课堂教学课例进行评价，并对其结果进行分析。

（一）评价实施

组织 30 位评课教师依据翻转课堂教学评价量表评审《三角形的分类》翻转课堂教学课例，对课前相关材料及活动效果、教学过程观察、课后任务布置及教学结果进行打分评价，通过统计打分结果，发现教学问题。具体操作如下。

翻转课堂教学评价量表操作指引

亲爱的同学或老师：

您好！很感谢您能够仔细阅读本操作指引。为更好地诊断翻转课堂上教与学的问题，优化教师的教学行为和提升教育质量，本研究以《三角形的分类》为例，通过上述评价量表进行分析。烦请您在观看课例视频或者阅读相关介绍时，注意以下操作：

（1）本着科学、客观的原则，在相应的评分等级栏中画"√"；

（2）在评语栏中，写出本节翻转课堂教学存在的问题与改进建议；

（3）量表中若存在表述不清楚的地方，请您直接在下面空白处写出。

《三角形的分类》是义务教育教科书人教版数学四年级下册第五单元的教学内容，本课是《三角形的分类》的第一课时，这部分内容是在学生认识了三角形特征的基础上进行的。该课堂包括课前自主学习、课中活动和课后拓展三个阶段，具体如表 6-3 所示。在此教学设计方案基础上，实施教学过程，并拍摄课堂实录。

表 6-3　《三角形的分类》翻转课堂教学设计

教学步骤	教师活动	学生活动	设计意图	时间安排
课前				
观看微课，初步分类	1. 发布微课至全景课堂学习平台。 2. 下发课前学习任务单。	1. 自主观看微课。 2. 初步进行三角形的分类并完成学习任务单。	学生通过微课预习、完成任务单，初步探究三角形的分类。	

续表

教学步骤	教师活动	学生活动	设计意图	时间安排
课中				
分析诊断，明确准则	1. 谈话导入，了解生活中的分类。"班上的同学分成短头发的和戴眼镜的"是否合理？目的：明确分类准则。2. 引导思考：回顾微课，三角形如何分类？	1. 根据课前微课学习，提出个人意见。2. 思考并回答问题。3. 了解分类准则。	教师通过课前学习情况分析诊断，引导学生认识三角形的分类准则。	2
小组合作，探究分类、关系及特征	探究活动（一）：三角形的分类及其关系			
	提出探究问题：1. 对三角形进行分类，并说明分类原因。2. 讨论各类三角形的相同点与不同点。	合作探究：1. 根据课前测量数据，通过电子书包进行分类摆图。2. 小组分工，合作完成学习任务单（一）。	利用电子书包平台，通过合作探究，让学生明确三角形的分类，并理解三角形的分类准则。	10
	1. 引导学生小组代表汇报探究结果并点评。2. 引导思考：按边分，可以分成几类呢？3. 引导学生归纳整理。	1. 小组代表汇报。2. 思考并回答问题。3. 系统理解三角形的分类并归纳整理两个维度的三角形类型：（1）按角分；（2）按边分。	通过小组汇报交流，梳理三角形分类情况。	5
	1. 引导学生思考三角形之间的关系并完成关系图的填充。2. 指名回答填写情况。关系图如下： 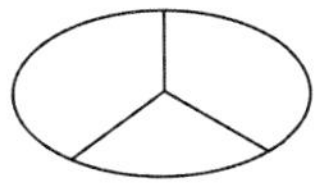 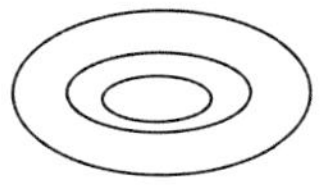 把锐角三角形、直角三角形、钝角三角形、三角形、等腰三角形、等边三角形放入正确的位置中。	1. 完成关系图的填充。2. 个别同学汇报完成情况。	通过图示的方式，让学生探索并理解三角形之间的关系。	3

教学步骤	教师活动	学生活动	设计意图	时间安排
课中				
探究活动(二):特殊三角形的特征				
小组合作,探究分类、关系及特征	提供探究资源,提出探究问题: 1. 直角三角形三条边的长短关系。 2. 等腰三角形和等边三角形每个角的大小关系。	合作探究: 1. 看电子资料,了解直角三角形、等腰三角形各部分的名称。 2. 合作完成学习任务单(二)。 3. 拍照上传至电子书包平台。	采用电子书包提供探究资源,引导学生通过小组合作,探究直角三角形、等腰三角形、等边三角形的特征。	5
	1. 引导学生小组代表汇报探究结果并点评。 2. 归纳整理:(1)直角三角形斜边最长。(2)等腰三角形两个底角相等。(3)等边三角形3个角都是60度。	1. 派小组代表汇报。 2. 系统理解特殊三角形的特征。	通过合作探究、汇报交流,引导学生逐步归纳出直角三角形、等腰三角形、等边三角形的特征。	5
练习检测,巩固基础	1. 指引学生进行基础练习。 2. 点评练习情况并重点讲解错误率高的题目。	1. 于电子书包完成基础练习。 2. 认真听错题讲解。	通过电子书包的即时反馈功能,让学生对基础知识进行理解和巩固,深化对三角形分类的认识及掌握特殊三角形的特征。	5
分层训练,个性提升	1. 布置分层练习和完成要求(基础题做错的学生,订正题目;全对的或完成订正的学生,自主选择不同层次的题目练习)。 2. 发布题目解析于电子书包平台。	1. 于电子书包平台完成拓展练习(注:基础题做错的完成A类题;全对的完成B类题)。 2. 做得快的同学可自行查看解析。	通过分层练习提高学生学习积极性,同时让不同层次的学生都得到提升。	3

续表

教学步骤	教师活动	学生活动	设计意图	时间安排
课中				
总结反思，分享心得	1. 课堂总结：本节课知识点、重难点及所存疑问。 2. 评价反思：本节课教学与学习效果。	1. 学生共谈收获，总结知识。 2. 开展自评互评，并作简短自我反思。	通过反思总结，让学生在学与做之间体会学习数学的价值，并内化为自己的知识和技能。	2
布置作业，拓展延伸	布置作业：利用电子书包平台继续完成所有练习并详看解析。	利用电子书包平台深化练习并详看解析。	通过对基础练习、拓展练习的订正、复习，实现知识的内化与延伸。	

（二）评价结果分析

在组织 30 位相关教师通过观看《三角形的分类》教学视频及查看教学设计方案、依据评价量表进行等级打分后，本案例通过总体评价分析、课前评价分析、课中评价分析和课后评价分析四个方面反映《三角形的分类》翻转课堂教学课例质量水平。

1. 总体评价分析

经过统计分析（图 6-1），发现有 9 位老师给该课打出 90 分及以上，评为优秀，占总体比例为 30%；16 位老师给该课打出 80～89 分，评为良好，占总体比例为 53.3%；5 位老师给该课打出 60～79 分，评为一般，占总体比例为16.7%。因而，从整体来看，该节课评为良好，即可发挥翻转课堂结构优势，提升学生知识内化效率。

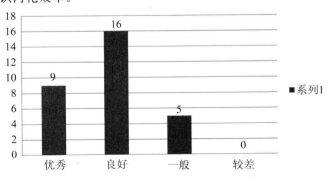

图 6-1　翻转课堂评价结果图

2. 课前评价分析

通过分析，聚焦到每位老师对具体教学环节的评分，可得出表 6-4。

表 6-4　翻转课堂课前评价分析

二级指标	评分等级			
	A (1.0)	B (0.8)	C (0.6)	D (0.4)
教学资源	8 人	20 人	2 人	
学习任务	17 人	11 人	2 人	

在教学资源方面，有 8 位教师将其评为 A，认为资源符合实际需求；有 20 位教师将其评为 B，所占比例为 66.7％，他们认为教学视频资源的内容结构完整，但资源形式及深度在结合实际学情方面有待商榷。在学习任务方面，56.7％的教师认为学习任务设置难度适中，可以涵盖基础知识技能点；2 位教师认为从视频中无法判断学习任务设置情况。

3. 课中评价分析

经分析，30 位教师对课中 6 个环节的评价具体如表 6-5。

表 6-5　翻转课堂课中评价分析

二级指标	评分等级			
	A (1.0)	B (0.8)	C (0.6)	D (0.4)
问题分析	12 人	16 人	2 人	
知识讲解	17 人	11 人	2 人	
课堂互动	14 人	15 人	1 人	
答疑指导	11 人	15 人	4 人	
信息技术应用	17 人	12 人	1 人	
评价鼓励	13 人	12 人	5 人	

通过上表可发现，知识讲解和信息技术应用环节被评为 A 级的频数最大，被评为 C 级的频数最小，因而这两个环节受认可程度最大。知识讲解受到好评说明该教师基本功素质过硬，信息技术应用受到好评则是与该学校使用电子书

包上课有关，评课老师认为电子书包有效支持了翻转课堂活动实施。答疑指导环节被评为 C 级的频数最大，多位老师反映课堂上教师对学生的引导不足，给学生的空间过大，担心学习效果受到影响。课堂互动为该课中阶段最重要的环节之一，14 位评课老师给出 A 级、15 位评课老师给出 B 级，绝大多数老师认为课堂互动氛围较好。有一部分老师反映课堂互动中没体现出小组分工及互动，担心互动效果受到影响。

4. 课后评价分析

经分析，30 位教师对课后 2 个环节的评价具体如表 6-6。

表 6-6　翻转课堂课后评价分析

二级指标	评分等级			
	A（1.0）	B（0.8）	C（0.6）	D（0.4）
归纳总结	3 人	17 人	10 人	
师生反思	8 人	14 人	8 人	

经分析，归纳总结和师生反思是本次评课中被评为 C 级的频数最大的环节，说明该部分受到评课老师的质疑。通过访谈发现，评分差的原因在于多数老师无法通过课例视频及教学设计材料判断课后开展情况。

总之，通过翻转课堂教学评价结果分析，《三角形的分类》可发挥翻转课堂结构优势，提升学生知识内化效率。但在答疑指导和评价鼓励方面，还需要教师积累经验并加强对这方面的关注。在互动方面，也要进一步防范停留在表层，可通过小组合作等方式增加互动深度。

【参考资源】

参考资源：《三角形的分类》课例

扫一扫，认真学习《三角形的分类》翻转课堂教学案例，运用评价量表发现并剖析相关教学问题。